Hanni Bayers

Ein Jahr in San Francisco

Inhalt

„It's an odd thing, but anyone who disappears
is said to be seen in San Francisco.
It must be a delightful city and possess all the attractions
of the next world."

Oscar Wilde, Schriftsteller und Dichter

Einleitung

Mit flinken Zügen malt er den Umriss der Vereinigten
Staaten von Amerika auf die Flugzeugserviette. Dort, wo
Hollywood zu liegen scheint, zeichnet er ein Filmsymbol,
bei New York eine Freiheitsstatue, für das Boston-Baseball-
team einen roten Socken. „Und wo ist San Francisco?", frage
ich. Wo ist die kleine Landzunge, die von fast allen Seiten vom
Meer umgeben ist? Wo schimmert die Golden Gate Bridge in
der honiggoldenen Abendsonne und wo tanzen die Blumen-
kinder mit geflochtenen Haaren und bunten, langen Klei-
dern?

Mein Flugzeugnachbar schmunzelt. „San Francisco?" Seine Brille rutscht ein Stückchen die Nase herunter, und mit
einem geschickten Stups schiebt er sie wieder nach oben.
„Mein liebes Fräulein – San Francisco gehört doch nicht wirklich zu den Vereinigten Staaten von Amerika." Ich stutze. Er
fährt sich mit der Hand durch die Haare, zückt wieder seinen Stift und malt ganz dicht gedrängt an die Außenkante
des kalifornischen Nordens eine kleine Insel. „San Francisco ist ein Inselstaat – mit Hügeln, Cable Cars und jeder
Menge Raum für Träume und Abenteuer. Wie das Lummer-
land von Jim Knopf, finden Sie nicht?" Noch kann ich ihm
diese Frage nicht beantworten, und nur vage kann ich erahnen, was mich in der Stadt erwartet, die auch als Paris

des Westens gilt. „Ich wünschte, ich wäre noch mal so jung wie Sie und in San Francisco", sagt er und skizziert behutsam eine Brücke und eine Lok. „Lediglich ein bisschen Marihuana fehlt in der Geschichte von Michael Ende noch", fügt er hinzu, und sein Gesicht verzieht sich zu einem breiten, lautlosen Lachen. „Sie wissen doch sicherlich: Die Ruhmsüchtigen stolzieren nach Los Angeles, der Ehrgeiz rennt nach New York. Der Sinnsucher jedoch wandelt durch San Francisco."

Er reicht mir die kunstvoll bemalte Serviette. „Have fun, young lady!" Dann dreht er den Kopf auf die andere Seite, schließt die Augen und macht ein Nickerchen. Gedankenverloren falte ich die Serviette zusammen und schaue aus dem Flugzeugfenster in die dichte Wolkendecke. San Francisco für Sinnsucher und Abenteurer? Ist es das, was mich dort erwartet? Hoffnungen, Bilder und Ängste vermischen sich in meinem Kopf zu einem bunten Gedankenwirrwarr. Das mit San Francisco, das muss schon irgendwie die richtige Entscheidung gewesen sein, denke ich mir. Im Koffer habe ich jede Menge Vorfreude, Zukunftspläne und über sechzig Kilogramm Gepäck. San Francisco, here I come!

„East is East, and West is San Francisco."
<small>OLIVER HENRY, AMERIKANISCHER SCHRIFTSTELLER</small>

Januar
Let's hang out together

Müde und erschöpft trete ich aus dem Bauch des Fliegers in den stickigen Flughafengang. Noch etwas benommen von der weiten Reise folge ich den anderen Passagieren durch lange Hallen, in denen grell erleuchtete Reklametafeln, Hinweisschilder zu Toiletten, der Gepäckausgabe und der Einwanderungsbehörde an mir vorbeigleiten. Meinen kleinen Handgepäck-Koffer ziehe ich schlaftrunken hinter mir her. Trocken ist die Luft, fast ein wenig muffig, und die eintönigen, beigefarbenen Wände wirken beengend. Nach einigen Minuten finde ich mich in einer großen Halle am Ende einer langen Menschenschlange vor dem *Immigration Office* von San Francisco wieder. Das also ist die Einlasskontrolle in die Stadt mit den vielen Namen? Hier befindet sich das Tor nach *Fog City, Baghdad by the Bay* oder *The City*?

San Francisco – jetzt bin ich endlich in der Stadt angekommen, die mich seit der Lektüre von Armistead Maupins „Tales of the City" (Stadtgeschichten) nicht mehr loslässt. Meine Tante schenkte mir das Buch zum achtzehnten Geburtstag, und ich verschlang den ersten Band innerhalb von zwei Nächten. Bald schon würde ich, genauso wie die junge Hauptfigur Mary Ann Singleton, erfahren, wie frei, multikulturell und liberal San Francisco ist. Ob mich die Stadt wohl genauso fesselt? Wird der Reiz so groß sein, dass ich schon nach kurzer Zeit feststelle, in diese Stadt zu gehören, und für immer bleibe? Schließlich war es doch auch der jungen Mary Ann aus Ohio so ergangen.

Als mein Arbeitgeber mir im vergangenen Herbst die Chance bot, für ein Jahr in San Francisco zu leben und in unserer amerikanischen Auslandsgesellschaft das Geschäft mit aufzubauen, konnte ich nicht ablehnen. Endlich hatte ich die Chance, meine Traumstadt zu sehen, in die ich mich seit den „Tales of the City" verliebt hatte und worauf ich ganze acht Jahre hatte warten müssen. Und es gab keinen besseren Zeitpunkt, Deutschland für einige Zeit den Rücken zu kehren: Das Leben in meiner Heimatstadt Düsseldorf erschien mir zu alltäglich und eintönig, mein Job ödete mich mittlerweile an und meine Jugendliebe und ich hatten uns nach Monaten des On-and-Off getrennt. Zeit für etwas Neues, und San Francisco kam mir gerade recht.

Nun schweift mein Blick durch den großen Raum. In meinen ausgetretenen Sneakers stehe ich auf einem grauweiß gemusterten Flughafenteppich, über den wahrscheinlich schon Millionen von Einwanderern gelaufen sind. Rot leuchtende Zahlen von eins bis fünfundvierzig prangen auf den verglasten Einwanderungsschaltern. Davor: wartende Menschen, die gespannt die düster dreinblickenden Beamten auf der anderen Seite beäugen. Ein runzeliger, chinesisch aussehender Herr (politisch korrekt: *Asian American*) sitzt in dem Schalter, vor dem ich warte. Fast droht er, in seiner dunkelblauen, weiten Uniform zu versinken. Auf der rechten Brusttasche ein Schild mit einem asiatischen Namen. Mit der Mimik eines Pokerspielers starrt er auf seinen Computerbildschirm und schaut nur kurz hoch, wenn ihm ein neuer Reisepass vor die Nase gehalten wird. Meine Aufmerksamkeit bleibt an einem großen Flachbildschirm hängen, auf dem ein Imagefilm zu Kalifornien läuft – mit glücklich lachenden Familien, die am Flughafen von San Francisco ankommen und von freundlich blickenden Beamten begrüßt werden. Soll das hier sein? Willkommenseuphorie fühlt sich anders an.

Plötzlich ruft der Herr: „Next one, please!" Next one, das bin ich. „Passport, please. Your finger there." Er liebt den Befehlston; wenige Worte, klare Ansagen. Ich drücke die Finger meiner linken Hand auf die warme Glasscheibe des grün blinkenden Lesegeräts vor mir. „Other finger now." Also noch mal das Gleiche. „Where do you work? You have a Visa? Why are you in San Francisco?" Fragen über Fragen und kaum Zeit, über eine Antwort nachzudenken. Ich lege ihm mein Visum vor. „Are you on your own?", fragt er dann und blickt mich prüfend an. „Yes, Sir", bestätige ich. Er nickt kaum merklich und drückt dann einen großen Stempel mit dem Einreisedatum in meinen Reisepass: Admitted SFR (zugelassen San Francisco) steht da jetzt in blauen Lettern. Während er mir meine Unterlagen über den Schalter zurückreicht, packt er dann doch noch ein kleines freches Grinsen aus. Dabei zeigt er sogar Zähne. Sein rechter Schneidezahn ist abgebrochen und gelb verfärbt. „Enjoy your stay." Darauf kannst du dich gefasst machen, denke ich mir siegessicher und nehme wenig später am Gepäckband meinen Koffer in Empfang.

Vor dem Flughafengebäude springe ich in das nächste freie Taxi. Der Nachthimmel liegt bereits über der Stadt, ich will nur noch ins Bett. Es ist mittlerweile acht Uhr abends, beziehungsweise 8 pm Ortszeit (PST – Pacific Standard Time). Meine Familie in Deutschland ist mir nun neun Stunden voraus. Gleich wird sie schon wieder aufstehen. Ein Blick in den Rückspiegel des Taxis verrät mir, dass meine Spaghetti-Haare eine Bürste oder noch besser eine Dusche nötig hätten. Meine Wangen, sonst immer leicht gerötet, wirken blass. Der Taxifahrer fragt nach meinem Reiseziel. „952 Sutter Street, *Downtown*, bitte", lese ich von meinem Adresszettel vor. „Sutter Street und was?", fragt er zurück. „San Francisco", ergänze ich. „Welche Kreuzung?" Er gestikuliert wild umher und deutet dann mit übereinandergeschlagenen Armen eine Straßenkreuzung an. Offensichtlich möchte er irgendeine Querstraße wissen. Auf der Karte habe ich gesehen, dass die Straßen in San Francisco in einem schnurgeraden Schachbrettmuster verlaufen. Dabei kann sich ein und dieselbe Straße locker über mehrere Kilometer erstrecken. „Uh, das weiß ich leider nicht." – „Okay, kein Problem", meine ich aus seinem Gemurmel interpretieren zu können. Ich lehne mich wieder im Sitz zurück und versuche, mich zu entspannen. Blau leuchtet das Armaturenbrett des Taxis, eine kleine Discokugel baumelt am Rückspiegel, beinahe verfalle ich in einen hypnotischen Zustand. Wenn da nur nicht dieser störende Geruch wäre: ein Gemisch aus altem Furz, Gewürzgurken und Duftbäumchen. Das mag auch daran liegen, dass der Honda Civic schon ein museumsreifes Alter erreicht hat und sich in seiner Mittelkonsole ein bereits angebissenes Sandwich und eine offene Teeflasche befinden. Ich denke an die noblen Mercedes-Benz-Taxen mit weichen Lederbezügen in Deutschland und bin heilfroh, dass ich zumindest nicht mit einem Pickup-Truck abgeholt worden bin, bei dem ich womöglich im Fahrtwind auf der Ladefläche hätte sitzen müssen.

„Bist du nur zu Besuch? Lebst du hier?" Er ist nach dem Einwanderungsbeamten der Nächste, der mich mit Fragen bombardiert, ohne dass ich wirklich Lust auf Small Talk habe. „Ich komme aus Deutschland und werde hier für ein Jahr leben", antworte ich knapp. Nicht jetzt! Ich bin müde, mein Mund fühlt sich trocken an, und meine Gedanken drehen sich lediglich darum, ob er die Sutter Street findet und was mich dort erwartet. „Kennst du eigentlich die Geschichte der Sutter Street?", erkundigt er sich nun. Eine rhetorische Frage, denn sofort redet er weiter. „Die Straße ist nach Mister Sutter benannt worden, übrigens ein *Bavarian guy*.

Das war der Mann, an dessen Sägewerk im Jahre 1848 der erste Goldklumpen entdeckt wurde. Der kalifornische Goldrausch, you know?" Ich nicke kaum merklich und starre auf das Sandwich, dessen Gurkenbeilage dank seines sportlichen Fahrstils mittlerweile an seiner Teeflasche pappt. „Der Glückliche – zumindest am Anfang", fährt er fort. „Trotzdem ist er sehr verarmt gestorben. Der eigentliche Held war Samuel Brannan – ein schlaues Kerlchen." Mein Taxifahrer blickt prüfend in den Rückspiegel, und ich setze schnell eine interessierte Miene auf. „Ja, Mister Brannan war der erste Millionär, der als Journalist und Unternehmer aus dem wertvollen Edelmetall seine Profite zog." Er macht eine kurze Pause, um seine volle Aufmerksamkeit auf das Rechtsabbiegen zu lenken. „Er hat nämlich alle Bestände an lebensnotwendigen Utensilien aufgekauft, um sie dann vollständig überteuert an all die Goldgräber zu verkaufen." Ein dickes Lächeln liegt auf seinen Lippen. „,Gold! Gold! Gold im Fluss von Sacramento!' rief Brannan damals und rannte aufgeregt durch die Straßen. Oh, das muss eine Zeit gewesen sein ..." Mein Taxifahrer strahlt. Ich frage mich, wieso sich mein Fahrer so gut auskennt. Der wiederum lässt kurz das Lenkrad los, streckt die Arme zum Himmel und fährt einen kleinen Schlenker, bei dem sein Tee im offenen Glasbehälter gefährlich in der Mittelkonsole schwappt. „Stell dir vor, damals hat ein einfacher Apfel in San Francisco fünf Dollar gekostet. Selbst in New York hättest du zur selben Zeit nur zehn Cent bezahlt." – „Du kennst dich aber gut aus", bemerke ich anerkennend. „O ja, ich bin ein Tourguide, wenn ich nicht Taxi fahre – jedes Wochenende", bricht es stolz aus ihm hervor, und er zeigt auf einen kleinen Ausweis, der an seinem Armaturenbrett steckt. Damit hat sich mein Vorurteil, dass Amerikaner oft zwei Jobs haben, bereits am ersten Tag bestätigt.

Wenig später setzt er mich an meinem Ziel ab, und ich trete in den Apartmentkomplex im Stadtteil *Lower Nob Hill*.

An der Rezeption sind die Schlüssel für mich hinterlegt. Das Gitter der alten Aufzugtür knarrt und krächzt. Im sechsten Stock angekommen, schließe ich die Tür zu meinem neuen Zuhause auf: Die Wände sind in einem matten Beige gestrichen und gerahmt mit weißen Stuckleisten. Der Boden, mit goldbraun glänzendem Parkett belegt, gibt knarrend nach, als ich den Raum betrete. In der Ecke des quadratischen Zimmers steht eine wuchtige braun-grüne Couch, und ein bisschen fühle ich mich in die Wohnzimmerkulisse der amerikanischen Serie „Friends" versetzt. Auch wenn mich keiner empfängt, bin ich in diesem Moment einfach nur froh, dass mein Arbeitgeber mir für die ersten paar Monate in San Francisco ein kleines Studio zur Verfügung stellt. Völlig erschöpft falle ich ins Bett.

Als ich aufwache, scheint die Sonne bereits hell ins Zimmer. Golden und warm fallen mir ihre Strahlen ins Gesicht und hüllen den Raum in einen samtig-weichen Schleier. Meine Armbanduhr verrät: Sieben Uhr bereits – ich habe erstaunlich lange schlafen können. Offensichtlich hat mein Körper die neue Zeitzone bereits inhaliert, in Deutschland ist es jetzt schon vier Uhr nachmittags. Nachdem ich geduscht habe, klappe ich den Stadtplan meines Reiseführers aus und schaue, wie weit es bis zum Büro ist. Das Büro sei unweit vom Ferry Building und der Market Street mitten im Bankenviertel, hatte ein deutscher Kollege kurz vor meiner Abreise erzählt, der selbst für einige Monate in San Francisco gelebt hat. Also nicht mehr als dreißig Minuten Fußweg.

Die Market Street verläuft als Hauptverkehrsader quer durch die ganze Stadt. Früher diente sie als soziale Grenze, denn im Süden der Stadt lag *The other City*, in der die Arbeiter wohnten. Auch heute ist die Market Street noch sehr gut zur Orientierung geeignet, ich brauche lediglich die Sutter Street achteinhalb Blocks hinunterzulaufen, schon komme ich auf diese Hauptstraße. Fast fühle ich mich ein bisschen stolz, dass ich den Weg sofort finde. Aber dank des rechtwinkeligen Straßenrasters, das die Stadtplaner San Francisco übergestülpt haben, verläuft sich hier selbst jemand mit dem Orientierungssinn eines blinden Huhns wie ich nicht. Obwohl bereits um halb neun buntes Treiben in den Straßen herrscht, empfinde ich es entspannter und gemütlicher als das morgendliche Getümmel, das ich noch aus meinem New-York-Urlaub kenne. Und auch das Bankenviertel von San Francisco wirkt im Vergleich zu anderen Metropolen beschaulich und kompakt: moderne Bürokomplexe, die gerade so hoch sind, dass die Sonne sich noch in ihre Schluchten drücken kann, Kreuzungen mit nostalgischen Straßenschildern erwecken den Eindruck, als seien sie seit Jahrzehnten nicht mehr ausgetauscht worden. Und doch protzt auch das Bankenviertel von San Francisco mit einigen pompösen Office-Bunkern, deren Eingänge einen mit imponierenden Säulenbauten willkommen heißen und deren Fensterfronten in der Morgensonne funkeln. Zum Beispiel die Transamerica Pyramid, das 260 Meter hohe Wahrzeichen der Stadt, dessen Spitze im Nebel vollständig in den Wolken untertaucht und das aufgrund der andauernden Erdbebengefahr auf hydraulischen Federn gebaut ist.

Lässig sind die Passanten gekleidet, beziehungsweise, wie Amerikaner sagen, *casual*. Ein rundlicher Junge, komplett in das Fan-Outfit des lokalen Baseball-Teams *San Francisco Giants* gepresst, leuchtet wie ein schwarz-orangefarbenes Bonbon. Und was mich verwundert: Ich erblicke nur wenige Schlips- und Anzugträger. Kein High-Heel-Gestöckel, keine Make-up-Masken, kein elegantes Schaulaufen, dafür besonnene Gemüter in Jeans, Blusen, T-Shirts und Turnschuhen. Dabei ist es Montagmorgen, und ich bin im Bankenviertel! Doch ich erinnere mich wieder: Mein Kollege hatte erwähnt, dass in San Francisco statt geschniegelter Banker mit poliertem Schuhwerk eher die unauffälligen Entwickler in T-Shirts und Turnschuhen und anstelle von aufgetakelten Damen mit Prada-Tasche mehr bizarre Künstler mit Blumen in den Haaren leben.

Es ist nicht allzu erstaunlich, dass San Francisco geruhsamer wirkt, die Stadt ist mit ihren circa 800 000 Einwohnern ungefähr vergleichbar mit Amsterdam und lediglich die viertgrößte Stadt Kaliforniens – nach Los Angeles, San Diego und San Jose. Auch beeindrucken viele der alteingesessenen Unternehmen im Bankenviertel von San Francisco mehr durch ihre Geschichte als durch ihre aktuelle wirtschaftliche Bedeutung: Dazu zählen beispielsweise die *Bank of California* sowie die *Wells Fargo Bank*, der dank des Goldrausches reich gewordene deutsche Jeanshersteller Levi Strauss & Co., die Tageszeitungen *S. F. Examiner* und *S. F. Chronicle*, das älteste Seafood-Restaurant der Stadt *Tadich-Grill*, sowie die Brauerei *Anchor Steam Beer* und die *Ghiradelli Chocolate Company*.

Wenige Minuten später stehe ich vor dem Gebäude meines Arbeitgebers. Wir entwickeln Software für Medizintechnik, zum Beispiel Geräte, die Körperfunktionen wie den Blutdruck, Puls und Körpertemperatur überwachen, und meine Aufgabe wird es sein, den Marktausbau in Amerika zu unterstützen. Im dritten Stock trete ich vor eine große breite Glastür. Durch die Mischung aus Glas, Backstein und Holz sieht das Büro gemütlich und einladend aus, viel moderner wirkt es als das Office in unserer deutschen Zentrale.

Katie, die Assistentin, heißt mich herzlich willkommen: „Hanni, schön, dich kennenzulernen." Ich bin aufgeregt, aber sie macht einen relaxten Eindruck. „Nimm doch Platz", fordert sie mich freundlich auf. Katie trägt Jeans und einen weiten blauen Pulli. Ihre dunklen Haare, durch die sich bereits einige graue Strähnen ziehen, hat sie zu einem Pferdeschwanz hochgebunden. „Ich stelle dich gleich den Kollegen vor. Doch zuvor möchte ich einige administrative Dinge besprechen", flötet sie und schlägt eine große Informations-mappe mit der Aufschrift *Onboarding* auf. „Das Wichtigste zuerst." Sie erklärt mir, dass ich eine *Social Security Number*, also eine Sozialversicherungsnummer, beantragen müsse. „Ohne *Social Security Card* kannst du weder ein Apartment mieten noch ein Bankkonto eröffnen noch krankenversichert werden. Du solltest heute hingehen." Dann lässt sie mich einige Krankenversicherungsformulare ausfüllen und überreicht mir ein Handy, das ich in den USA nutzen kann.

„Guys, das ist Hanni aus Deutschland. Sie wird uns dieses Jahr hier unterstützen", stellt sie mich wenig später dem Kollegenkreis vor. Ungefähr fünfzehn freundliche junge Gesichter lachen mir entgegen, und ich lächle verlegen zurück. Eines davon kenne ich glücklicherweise bereits: Vijay, ein Kollege indischer Abstammung, mit dem ich in Deutschland an einigen Projekten gearbeitet habe, als er für ein paar Wochen in der Zentrale einen Einsatz hatte. Schnell verliere ich die erste Scheu vor den Kollegen. Das Team ist viel internationaler als in Deutschland, und die Kollegen sind alle sehr offen, jung und interessiert. Ein bunter Mix aus Ländern wie England, China, Indien, Irland und Griechenland – ich fühle mich sofort wohl und irgendwie heimisch.

Mittags mache ich mich auf, um meine *Social Security Card* zu beantragen. Noch keine fünf Minuten unterwegs, stolpere ich an einer Straßenecke beinahe über einen Mann, der auf einer Pappunterlage sitzt, vor ihm ein Schild mit der Aufschrift: „I bet you cannot hit me with a quarter!" (Ich wette, dass du mich mit einem 25-Cent-Stück nicht treffen kannst.) Galgenhumor! In den Bordsteinrinnen der Straße liegen alte Flaschen, Stofffetzen, leere Tüten und Dreck. Die Gegend macht einen ärmlichen und verwahrlosten Eindruck. Bis zum *Social Security Office* sind es noch ein paar Blöcke. Doch je weiter ich gehe, desto leerer und verschmutzter werden die Bürgersteige und desto skurriler die Gestalten. Mittlerweile fühle ich mich in meinem weißen Blüschen und meinem Rock viel zu provokant für die Einfachheit dieses Viertels. Grau und dicht legt sich der Staub der Straße um meine neuen Riemchensandaletten, die ich für meinen ersten Bürotag extra noch in Deutschland gekauft hatte. An der letzten Kreuzung kurz vor meinem Ziel sitzt eine Gruppe Obdachloser; neben ihnen aufgerissene Schlafsäcke und bepackte Einkaufswagen. Kalifornisches Existenzminimum! Ich frage mich, ob dieses Viertel bereits zum *Tenderloin,* dem Armenviertel der Stadt, gehört. In meinem Reiseführer hatte ich gelesen, dass dieser Bezirk von Obdachlosigkeit und Armut geprägt ist. „And lots of crazy people", hatte Vijay noch ergänzt. Ich solle mich also nicht wundern, wenn ich beispielsweise jemanden sehe, der samt Lampenschirm auf dem Kopf mitten auf der Kreuzung ein kleines Tänzchen aufführe und den gesamten Verkehr blockiere. Zügig gehe ich die Straße entlang. Im *Social Security Office* angekommen, ziehe ich eine Wartenummer, setze mich auf einen freien Platz in der Mitte der zwei langen Sitzreihen und schaue mich um: Auch hier trifft mein Blick auf heimatlose Menschen, gezeichnet von Alkohol, Drogen oder Armut. Oder Verrücktheit: Eine Frau mir schräg gegenüber schüttet sich aus unerklärbarem Grund eine Flasche Bodylotion über den Kopf und betropft dabei die Plätze neben sich mit duftender Creme. Dabei ruft sie ohne Pause Schimpfwörter und Obszönitäten in den Raum. Ein Mann, zwei Plätze weiter, fordert sein Gegenüber lautstark auf, seinen Hosenstall zuzumachen: „Your fly is open. Close it, dude!" Das Gegenüber reagiert nicht, was Herrn Sittenwächter wütend macht. So streiten sich die beiden, und bevor die Auseinandersetzung in Handgreiflichkeiten endet, wird der Herr mit dem offenen Reißverschluss von einem Sicherheitsbeamten abgeführt. Einige Meter weiter befindet sich eine Gruppe von Obdachlosen, die alle an den Rollstuhl gefesselt sind. Keine dieser Hightech-Dinger, wie wir sie aus Deutschland kennen, sondern rostige Blechmonster, die bei jeder Bewegung laut quietschen. Darauf transportieren sie, ähnlich einem Wohnmobil, ihr Hab und Gut: Decken, Kisten, Nahrungsmittel und leere Flaschen. Am Rollstuhl einer alten Dame hängt ein Strauch vertrockneter Rosen, die wie ihre Besitzerin ihre besten Zeiten längst hinter sich haben. Wo sind die normalen Menschen, frage ich mich. Und was hat die Wartenden an den Punkt in ihrem Leben gebracht, an dem sie jetzt sind? Krankheiten, Drogen, persönliche Tragödien? Eine Anhäufung von Schicksalsschlägen? Selten habe ich mich so als Fremdling gefühlt, verloren inmitten eines Freak-Theaters. Und anscheinend bin ich die Einzige, die dieses Schauspiel irritiert oder verwundert. Ob der Alltag hier so aussieht? Das passt so gar nicht zu dem Bild, das mein Reiseführer in meinem Kopf gezeichnet hatte: morgens über die Golden Gate Bridge radeln, mittags am Ferry Building im Fischrestaurant lunchen und abends mit den historischen Trambahnen die Hügel der Stadt erklimmen. Wo sind sie: die Cable Cars, die mit ihrem ratternden Charme längst vergessener Zeiten an einem vorbeiziehen und wie kleine Perlen auf einer Murmelbahn durch das hügelige San Francisco ruckeln? Fast ein wenig wütend denke ich an die Zeilen „to be where little cable cars climb halfway to the stars", die Tony Bennett so schwärmerisch von seiner Stadt an der Bay gesungen hat. Es fällt mir schwer, diese Postkartenidylle für möglich zu halten.

Dann erscheint endlich meine Wartenummer auf dem Display an der Wand. Ich erledige hastig den Papierkram, und die freundliche Beamtin stellt mir meine Unterlagen aus. „There you go, sweetie." Mit dem Hinweis, dass ich meine Nummer in den nächsten Tagen per Post erhalten werde, reicht sie mir die Dokumente. Schnell verlasse ich das Amt und empfinde tiefe Bewunderung für die Beamtin, die trotz des täglichen Chaos so gelassen bleiben kann – und Erleichterung, dass ich die Sozialversicherungsnummer nicht persönlich abholen muss.

Zurück im Büro erzählt mir Katie, dass San Francisco eine der höchsten Obdachlosenraten der USA hat und über 6000 Menschen auf der Straße leben – viele davon in *Tenderloin* und in Teilen von *SoMa* („South of Market") rund um die 6th Street. „Die hohe Armenquote hat mehrere Gründe", rechtfertigt sie ihre Stadt. „San Francisco hat eine Tradition als Anlaufstelle für Lebenskünstler aller Art. Hippie- und Drogenkultur prägen seit den Sechzigerjahren das Stadtbild. Außerdem kommen unzählige Obdachlose aus anderen Staaten der USA hierher, weil es in San Francisco mehr soziale Programme gibt als in anderen Städten. Beispielsweise die tägliche Essensausgabe der *San Francisco Food Bank* oder die *Food Runners*, die Essensreste von Restaurants, Supermärkten und Privathaushalten zu Bedürftigen bringen." Daneben spielen auch politische und wirtschaftliche Faktoren eine Rolle. Mit der sogenannten Welfare-Reform unter Clinton im Jahr 1996 wurde der Anspruch auf Sozialhilfe auf maximal fünf Lebensjahre beschränkt. „Das brachte viele Menschen auf die Straße", sagt sie niedergeschlagen. Weil San Francisco und das Silicon Valley zentraler Schauplatz des Dotcom-Booms, des Internet-Hypes der Neunzigerjahre, waren, erhöhten sich mit all den Yuppies und Internet-Millionären die Mieten um bis zu 500 Prozent. „Nur Manhattan ist teurer – das ist bis heute so geblieben", fügt sie hinzu, was mich hinsichtlich meiner bevorstehenden Wohnungssuche weniger amüsiert. „So konnten sich mit dem Dotcom-Boom plötzlich viele keine Wohnung mehr leisten, denn mit circa 350 Dollar Sozialhilfe blieb für unzählige Leute die Miete einfach unbezahlbar. – But take it easy – you should be fine", ergänzt sie dann unbesorgt und wendet sich wieder ihrer Arbeit zu.

Nachdem ich mich die ersten Tage in den neuen Job eingewöhnt, die ersten Telefonkonferenzen mit den amerikanischen Geschäftspartnern überstanden und meine neuen Kollegen kennengelernt habe, plane ich am Freitag die Eröffnung meines amerikanischen Bankkontos. Zum Glück liegt die Bankfiliale, anders als das *Social Security Office*, direkt um die Ecke. „I would like to open a bank account" – noch immer fühle ich mich in der englischen Sprache unsicher. „Sure, we will be with you shortly", vertröstet mich die Dame hinter dem Schalter und bittet mich, in einer Ecke mit drei Ledersesseln Platz zu nehmen. Dort wartet bereits eine weitere junge Kundin. Ihre Beine sind übereinandergeschlagen, eine knallrote Strumpfhose leuchtet mir entgegen. Genervt nippt sie an einer Tasse Kaffee und fährt sich durch ihr langes dunkles Haar. Ich setze mich ihr gegenüber und nicke ihr freundlich zu. „Nimm dir doch einen Kaffee. Du musst bestimmt auch ein bisschen warten", sagt sie mit einem spanisch klingenden Akzent und zeigt auf eine Self-Service-Kaffeemaschine.

„Ich bin Mari Carmen, ich komme aus Barcelona", stellt sie sich vor. Erst vor wenigen Wochen sei sie in die Stadt gezogen. „Hier ist so viel kreative Energie." Sie erzählt mir, dass sie bereits seit einigen Jahren an ihrer Karriere als Schriftstellerin arbeitet. In San Francisco hofft sie endlich auf den großen Durchbruch. Sie redet wie ein Wasserfall, was meinem Bild eines zurückgezogen lebenden Autors nicht gerade entspricht, aber es macht Spaß, ihr zuzuhören, und Mari Carmen ist mir mit ihrer direkten Art auf Anhieb sympathisch. „Ich freue mich immer, Europäer kennenzulernen. Ich habe schon so einige Deutsche, Italiener und Spanier hier getroffen", plaudert sie drauflos, und eine lockige Haarsträhne fällt in ihr schmales Gesicht. „Irgendetwas muss die Stadt haben, was uns Europäer anlockt", sage ich. Sie nippt an ihrem Kaffee. „Ja, das liegt an der europäischen *joie de vivre*: gutes Essen, hochwertiger Wein und die Natur geradewegs vor der Tür. Was willst du mehr?" Mit Genugtuung stelle ich fest, dass es hier laut Mari Carmen doch mehr als nur Armut und Verrücktheit gibt.

In meinem Reiseführer hieß es: San Francisco hat viele Facetten. Es ist stolz auf sein spanisches Blut, liebt französisches Essen, trinkt gerne italienischen Wein, spricht fließend Chinesisch und entspannt im Stil der Japaner. Das Armenviertel haben sie offensichtlich ausgespart. „Du findest in Francisco immer das, was du suchst", sagt Mari Carmen und streckt ihre langen Beine entspannt aus. Im selben Moment kommt die Bankangestellte, um Mari Carmen ins Besprechungszimmer zu bitten. Bevor meine neue Bekanntschaft entschwindet, reiche ich ihr schnell meine neue Visitenkarte. „Yes, let's hang out together", lacht sie. „Das meine ich ernst. Ich würde mich freuen." Es dauert nicht lange und die Dame vom Schalter wendet sich auch an mich: „Miss? Ich habe nun Zeit für Sie." Ein paar Formulare und Unterschriften später bin ich stolze Besitzerin eines amerikanischen Bankkontos und einer Kreditkarte. Mein *American Dream* kann kommen, ich bin bereit.

Streifzug:
Verreisen Sie im Kopf!

Gehen Sie mit Filmen und Büchern auf Erkundungstour durch San Francisco: Der Filmklassiker „Harold and Maude" mit Ruth Gordon und Bud Cort (USA 1971) spielt unweit von San Francisco und beschreibt das verträumte Lebensgefühl der Sechzigerjahre. Falls Sie sich mit Action vorbereiten wollen, heizen Sie doch mit Steve McQueen im Film „Bullitt" über die Hügel der Stadt und lassen Sie den Tag bei einem Bier in der gleichnamigen Bar auf der Polk Street ausklingen. Sollten Ihnen Verfolgungsjagden zu langweilig sein, können Sie auch in „Star Trek IV – Zurück in die Gegenwart" in einem Raumschiff im Golden Gate Park landen oder mit Michael Douglas in „Basic Instinct" einen Mord aufklären. Wenn Sie Bücher bevorzugen und San Francisco gemeinsam mit dem Privatdetektiv Sam Spade entdecken wollen, lesen Sie den Klassiker „The Maltese Falcon" von Dashiell Hammett, zu dem es auch einen Film gibt. Unterschiedliche Reiseerfahrungen zu San Francisco finden Sie in „San Francisco Stories. Great Writers on the City" vom Herausgeber John Miller. Darin schildern Autoren wie Dylan Thomas, Jack Kerouac und Mark Twain ihre ganz eigenen Eindrücke der Stadt an der Bay. Lesenswert ist auch „On The Road" von Jack Kerouac. Der Roman ist ein Klassiker der amerikanischen Kulturgeschichte und ein Manifest der *Beatniks*, einer Strömung der Nachkriegsliteratur. Zu den bereits erwähnten „Stadtgeschichten" hat Armistead Maupin auch einen Fortsetzungsroman einige Jahrzehnte später geschrieben: „Michael Tolliver Lives".

„You wouldn't think such a place as San Francisco could exist. The wonderful sunlight here, the hills, the great bridges, the Pacific at your shoes. Beautiful Chinatown. Every race in the world. The sardine fleets sailing out. The little cable-cars whizzing down The City hills ... And all the people are open and friendly."

DYLAN THOMAS, BRITISCHER POET

Februar
Schatztruhe der Kulturen

Wartend stehe ich im Hauseingang unseres Apartmentkomplexes, während Passanten mit Regenschirmen, Gummistiefeln und dicken Jacken an mir vorbeigehen. Ich friere nicht, trotz des Pazifikwindes, ich bin einfach viel zu aufgeregt. Denn ich warte auf meine erste amerikanische Bekanntschaft. Nick heißt er, und ich habe ihn Ende Januar dank meiner neuen spanischen Freundin Mari Carmen kennengelernt.

Doch vielleicht besser von vorne: Wenige Tage, nachdem ich Mari Carmen in der Bankfiliale begegnet war, trafen wir uns nach der Arbeit, um zusammen eine Kleinigkeit zu essen. Wir verstanden uns auf Anhieb prächtig und haben seitdem regelmäßig etwas unternommen. In den letzten Wochen besuchten wir gemeinsam Cafés, Restaurants und Bars, haben an Networking-Events teilgenommen und neue Bekanntschaften gemacht.

Neben ihrem Beruf als Schriftstellerin und Journalistin arbeitet Mari Carmen als Freiwillige in *826 Valencia*, einer gemeinnützigen Organisation, die von einem Schriftsteller gegründet wurde und Schreibkurse für Schulkinder anbietet. Finanziert wird diese Schreibwerkstatt durch Einnahmen aus einem angeschlossenen Laden für Piratenbedarf, in dem Kinder Augenklappen und Holzschwerter kaufen können. Mari Carmen wollte Piratengeschichten vorlesen, hatte jedoch vergessen, die notwendigen Bücher aus der Bibliothek am *Civic Center* abzuholen. „Es wäre super, wenn du es in der nächsten halben Stunde schaffst, weil der Kurs gleich schon anfängt. Muchas gracias", übergab sie den Auftrag per Notfall-SMS an mich. Mit dem Vorsatz, eine gute Freundin zu sein, stieg ich auf mein Fahrrad und raste durch das *Tenderloin* in Richtung Bücherei. Leider erwischte mich die rote Welle, und beim nächsten Ampelstopp wurde ich von einem Obdachlosen mit einem Stück Käse-Donut beworfen. Nassgeschwitzt und samt Frischkäsefleck auf dem Pulli kam ich wenig später am *Civic Center* an. Ich ärgerte mich, dass ich es noch immer nicht geschafft hatte, mir das pompöse, dem Petersdom in Rom nachempfundene Rathaus gegenüber der Bibliothek anzuschauen. Hier soll schon Marilyn Monroe ihren DiMaggio geheiratet haben. Aber jetzt hatte ich anderes zu tun. Schnell suchte ich die Bücher zusammen und stellte mich in die Warteschlange am Checkout-Schalter. „Du interessierst dich für Piraten?", fragte plötzlich jemand neben mir. Ich drehte mich um: Ein sympathisch aussehender, sportlich gekleideter junger Typ mit wuscheligem dunklen Haar stand vor mir und betrachtete das oberste Buch auf meinem Arm, das den Titel „Piratengeschichten und andere Abenteuer" trug. „Das ist für eine Freundin", entfuhr es mir fast entschuldigend, dann kam ich an die Reihe. Als ich schließlich mit dem dicken Bücherstapel auf dem Arm aus der Bibliothek eilte, stand ich vor einem leeren Fahrradständer. Mein Rad war weg – verdammt! In diesem Moment kam auch noch der Typ, der hinter mir in der Schlange gestanden hatte, aus der Bibliothek heraus und nickte mir lächelnd zu. Ich muss wohl so hilflos ausgesehen haben, dass er fragte: „Are you okay?" Ich klagte ihm mein Leid, gab mich ein bisschen unbeholfen und setzte meinen besten Hundeblick auf, bis er schließlich von sich aus anbot, mich in der Valencia Street abzusetzen. Ich weiß auch nicht genau, wie es kam, jedenfalls verbreitete er auf der kurzen Fahrt so viel vertrauenerweckenden Charme, dass er, als ich aus dem Auto sprang, über meine E-Mail-Adresse und Handynummer verfügte. Und ein paar Tage später las ich zufällig in meinem Postfach:

„Hi Hanni,
   es war schön, dich kennengelernt zu haben – ärgere dich nicht so wegen des Fahrrades. Kalifornien muss man locker nehmen! Hast du Lust auf einen Drink im *Bourbon & Branch* am nächsten Wochenende?
   Cheers,
   Nick"

Yeah, Strike! Dass es mit dem ersten Date so schnell gehen würde, hatte ich nicht erwartet. Die Bar, deren dunkles Holzinterieur mich an die Hogwarts-Bibliothek im Harry-Potter-Film erinnerte, war ein Geheimtipp und nur mit einem Passwort begehbar. An der Tür der Flüsterkneipe wisperte Nick dem Türsteher geheimnisvoll das Codewort „Books" zu, und wir bekamen einen Ecktisch, an dem wir uns gut unterhalten konnten. Nach dem dritten Cocktail war meine Aufregung verflogen, ebenso die Erinnerung an die Dating-Grundregeln, die Mari Carmen mir vorher extra mit auf den Weg gegeben hatte („Erstens: Rede nicht zu viel! Zweitens: Er muss nach dem zweiten Date fragen! Drittens – und das ist auch die wichtigste Regel: Sex frühestens ab dem dritten Date!"). Ich quatschte ohne Unterlass, und am Ende fragte ich ihn, ob er nicht Lust habe, mich und ein paar Bekannte auf die chinesische Neujahrsparade zu begleiten, die einige

Tage später stattfinden sollte. „Klar, warum nicht. Ich war selbst noch nicht da", meinte er. Ich freute mich, auch wenn ich bereits gegen zwei von Mari Carmens Regeln verstoßen hatte. Lediglich die dritte Regel konnte ich ehrenhaft einhalten, und Nick verabschiedete mich um Mitternacht mit einer Umarmung bei mir vor der Haustür.

Dieses erste Date hatten wir genau vor einer Woche. Nun also der zweite Streich, und ich warte im Schutze unseres Hauseingangs auf Nick. Endlich! Schon von weitem sehe ich ihn die Sutter Street heraufeilen. Den blauen Kapuzenpulli über den Kopf gezogen, bahnt er sich zwischen Regenschirmen und Pfützen seinen Weg. „Hey, schön dich zu sehen", sagt er und drückt mir einen flüchtigen Kuss auf die Wange. Unmittelbar steigt mir die Röte ins Gesicht, mir wird ganz warm in meinem leichten Mantel. „Auf nach *Chinatown*", schlage ich schnell vor und lächle Nick verlegen an.

In San Francisco leben über 80 000 Chinesen beziehungsweise *Asian Americans. Chinatown* ist eine der weltweit größten chinesischen Gemeinden außerhalb Asiens. Seit Anfang Februar bereitet sich nun die gesamte chinesische Enklave auf das Neujahrsfest vor. Die fernöstliche Miniwelt in San Francisco betritt man an der Ecke Bush und Grant Avenue durch ein großes, mit grünen Ziegeln und Drachenfiguren dekoriertes Tor, das *Dragon Gate*. Hinter diesem Tor erstreckt sich über 24 Blocks das ganze Spektrum chinesischer Lebensart: Bei schönem Wetter kann man am Portsmouth Square chinesische Damen dabei beobachten, wie sie ihren Tai-Chi-Übungen nachgehen, sich um die karg bepflanzten Blumenkübel versammeln und konzentriert Arme und Beine dehnen. Währenddessen spielen die Herren Schach und diskutieren. Entlang der touristischen Hauptstraße von *Chinatown*, der Grant Avenue, stehen die Shop-Besitzer vor ihren Läden und preisen rote Minidrachen, bunte Glaskugeln oder kitschige Vasen an. Über einigen Läden befinden sich sogar chinesische Tempel in den oberen Wohngeschossen. Und trotz des täglichen Touristenansturms hat das Viertel seine Authentizität behalten und zieht seit dem Goldrausch chinesische Einwanderer an.

Es schüttet in Strömen, und meine Frisur, an der ich stundenlang vor dem Spiegel herumgebastelt habe, ist innerhalb von fünf Minuten hinüber. „Ein Sauwetter haben sich die Chinesen für ihre Parade ausgesucht", stelle ich fest. „But you look great", sagt er und grinst mich breit an. Das mit dem „great" aussehen darf man selbstverständlich nicht glauben. Schließlich sind die Amerikaner meist sehr großzügig mit Komplimenten. Trotzdem freue ich mich. Nicht ohne Grund habe ich – neben einer aufwendigen Frisur – heute meine Sneakers im Schuhschrank stehen lassen und balanciere meine knapp 1,70 Meter und 65 Kilogramm auf Acht-Zentimeter-Absätzen durch die nassen Straßen. „In *Chinatown* wirkt es so, als ob sich alle Chinesen gleichzeitig auf die Straße gewagt haben, damit es so richtig schön wuselig eng wird", stelle ich belustigt fest. Und Nick erzählt, dass es hier früher sogar noch dichter besiedelt gewesen sein muss und sich Teile von *Chinatown* nach dem Goldrausch zu einer exzessiven Opium- und Spielhölle entwickelten. „Schließlich erließ man einen Einwanderungsstopp, und es wurden so absurde Regelungen wie die Zopfsteuer erlassen. Zusätzlich trat ein Gesetz in Kraft, das den Chinesen verbot, in anderen Stadtteilen außerhalb von *Chinatown* zu leben." – „Eine Steuer auf die Haarzöpfe von Chinesen, meinst du?", frage ich irritiert. „Ja, genau. Die Chinesen galten damals als ‚gelbe Gefahr', und sie wurden diskriminiert, was das Zeug hielt. Heute kann natürlich jeder leben, wo er möchte." Gott sei Dank durften die Chinesen bleiben, ich liebe die chinesische Küche. In den letzten Wochen ertappte ich mich manchmal dabei, wie ich nach Feierabend einen großen Umweg nach Hause durch *Chinatown* machte, nur um einen *Mooncake* in der *Golden Gate Bakery* zu kaufen und dann anschließend genüsslich kauend vorbei an den bunt geschmückten Schaufenstern nach Hause zu marschieren. Die Teigtörtchen mit einer Füllung aus Lotusblumenpaste und einem Eidotter in der Mitte gibt es dort in allen Geschmacksvarianten. Und es kommt immer wieder zu langen Warteschlangen vor der chinesischen Bäckerei. Einen ähnlichen Andrang erlebt auch die *Golden Gate Fortune Cookie Factory*, in der angeblich die knusprig-süßen Glückskekse erfunden wurden – von einer japanischen Familie! Pro Stunde falten dort die Bäckerdamen um die tausend vielversprechenden Botschaften und verstauen sie in den kleinen Teigtaschen.

Wenig später treffen wir auf Mari Carmen und Rose. Rose hatten Mari Carmen und ich während eines Networking-Events der Gruppe *Language Lovers* kennengelernt. Mari Carmen und ich wollten unser Englisch aufbessern und Rose ihr Spanisch.

Neben der zierlichen, kleinen Rose wirkt die schlaksige Mari Carmen beinahe wie ein Riese. Freudestrahlend winkt Rose uns entgegen, ihr schwarzes Haar, das sie normalerweise immer offen trägt, komplett unter einer weißen Wollmütze versteckt. „Cool, dass ihr gekommen seid. Bereit für den Drachen?", fragt Rose. Ein bisschen nervös stelle ich alle einander vor, und Mari Carmen kann sich ein Schmunzeln nicht verkneifen, als ihr Blick auf meine Schuhe fällt. Bisher hatte sie mich immer nur in Turnschuhen gesehen. Und als Nick gerade mit Rose spricht, umarmt mich Mari Carmen und flüstert mir ins Ohr: „Hey, süßer Typ! Hat der einen Bruder?" Ich muss losprusten, schiebe sie von mir weg. Im selben Moment rempelt mich ein Passant an, ich stolpere und lande mit meinem Absatz in einem Gullideckel. Verdammt! Vorsichtig ziehe ich den Schuh heraus, der Absatz ist lädiert. „Toll, dann kann ich mir gleich neue Schuhe kaufen", schimpfe ich und komme mir vor Nick wie ein Trottel vor. „Oh, nein! Sorry", entschuldigt sich Mari Carmen schnell. „Wer will neue Schuhe?", fragt Rose skeptisch. „Guck doch", klage ich und strecke ihr meinen Fuß hin. „Ach, der ist doch nur angekratzt", entgegnet Rose. „Warte auf jeden Fall ein paar Wochen mit dem Neukauf", empfiehlt sie. „Wieso denn das?" – „Keine Schuhe nach dem Neujahrsfest! Das chinesische Wort für Schuhe ist der Bedeutung von Unglück sehr ähnlich. Das wollen wir in den ersten Tagen des neuen Jahres auf jeden Fall vermeiden." – „Mal sehen", sage ich nur verlegen, unglücklich darüber, dass meine Tölpelei so viel Aufmerksamkeit erhalten hat. Inzwischen ziehen geschmückte Wagen an uns vorbei, junge Mädchen stehen darauf, gehüllt in bunte, lange, glänzende Gewänder, und sie winken freundlich. Die nächste Attraktion: eine im Stechschritt herannahende Musikkapelle von jungen chinesischen Männern. „Das Beste des ganzen Umzugs ist das Ende. Dann kommt der große Drache. Er bringt Glück für das neue Jahr", schwärmt Rose. „Er wird begleitet von Tausenden von Böllern und Feuerwerken. Das vertreibt die bösen Geister." Gebannt sehe ich auf den Umzug. Auf den nassen Straßen spiegeln sich die Muster und Farben der Neujahrskostüme in den Pfützen. „Welches Jahr soll denn jetzt beginnen?", fragt Nick und versucht, den Small Talk mit meinen Freundinnen anzukurbeln. „Das Jahr des Hasen. Unser Neujahrskalender richtet sich nach dem Mondkalender. Wir läuten das neue Jahr immer zwischen dem 20. Januar und 21. Februar ein."

Doch noch während sie spricht, werden wir abgelenkt. Laute Knaller prasseln vor unserer Nase auf die feuchte Straße, und der Geruch von Feuer und verkokeltem Papier steigt auf. Der tiefschwarze Nachthimmel verschwindet hinter einer dichten, rußigen Rauchwand. Erwartungsvoll starren wir auf die rot schimmernde Gestalt, die aus der Ferne auf uns zuschreitet. Die Zuschauer drücken sich enger an uns heran, um besser sehen zu können. Wenige Sekunden später ist es so weit. Auf unzähligen Menschenbeinen getragen wird der Drachenkörper, begleitet von ohrenbetäubenden Böllern. Viel beeindruckender noch, als ich es mir je erträumt hätte, marschiert das riesige Tier wie ein übergroßer Tausendfüßler auf uns zu. Musik und Böller vermischen sich zu einem impulsiven Geräuschcocktail. Das über achtzehn Meter lange, funkelnde Fabelwesen zieht seine Bahn durch die nass-graue Abenddämmerung und tanzt nun direkt vor uns. „Schau, er hat riesige Augen, und sein Mund ist so weit geöffnet, dass man jeden einzelnen Zahn sehen kann." Rose ist begeistert. Ein Teil des Drachenschwanzes streift meine Wange. Rose streckt die Hand aus, um den Drachen zu berühren. „Das bringt Glück!", ruft sie. Ich fühle mich wie betäubt von meinem ersten chinesischen Neujahrsfest. „Kung hei fat choi", was so viel bedeutet wie „Viel Erfolg und Reichtum", ruft Rose plötzlich und schlingt ihre Arme um meinen Hals.

Bin ich in China oder in Amerika? In diesem Moment verschwimmen die zwei Welten vor mir. Aber vielleicht ist es auch genau das, was San Francisco ausmacht: dass man jeden Tag und mit jedem Stadtviertel in eine andere Kultur und in ein anderes Land eintauchen kann. Beinahe fühlt die Stadt sich so an wie eine geheimnisvolle bunte Schatztruhe, in die ich nur meine Hand zu strecken brauche, um die unterschiedlichsten Kostbarkeiten ans Licht zu befördern: So eröffnet sich mir in *Chinatown* die Fülle der fernöstlichen Welt, im hispanischen Stadtteil *Mission* tauche ich in die Reichtümer des lateinamerikanischen Lebens ein, in *North Beach* trinke ich Espresso mit den Italienern und in *Japantown* lerne ich beim alljährlichen Kirschblütenfestival die Bräuche des asiatischen Inselstaats kennen. Sicher, eine solche kulturelle Vielfalt ist in vielen Metropolen dieser Welt zu finden. Doch nirgends in dieser Dichte und auf einer knapp 49 Quadratmeilen großen Halbinsel.

Wenige Tage nach der Neujahrsparade sitze ich im Büro über meinem Computer. Seit dreißig Minuten schon formuliere an einer wichtigen Geschäfts-Mail herum. Und es kostet mich immer noch viel Konzentration, die Korrespondenz auf Englisch zu verfassen. Auch wenn der Umgang insgesamt lockerer ist und es nicht so viele Floskeln wie im Deutschen gibt, ist vieles noch neu für mich. „Hast du Lust, heute Abend mit mir zu einem Tech-Event zu gehen?", fragt mich mein Kollege Vijay, und er schaut mich mit seinem großen braunen Kulleraugen, die durch seine dichten, buschigen Augenbrauen und seine dunkle Haut noch intensiver wirken, interessiert an. Vijay ist ein begnadeter Software-Programmierer – ein absoluter Computercrack. Obwohl erst 26, wirkt er älter. Womöglich liege das daran, scherzt er immer, dass schon die ersten grauen Haare sichtbar würden. Seit einigen Monaten arbeitet er an der Idee für eine Internetplattform, über die Berufsgruppen wie Ärzte und Krankenschwestern aus aller Welt medizinische Fragen beantworten. Weil ich in meinem Job sehr eng an der Schnittstelle zwischen Medizinern und Patienten arbeite, haben wir schon einige Male Ideen zu seinem „Projekt" ausgetauscht. Ich kenne nur wenige, die so ehrgeizig, intelligent und trotzdem so verrückt sind wie er. Uns beide begeistert es, wie technologische Innovationen im Gesundheitsbereich eingesetzt werden können, wie die sogenannten „Apps" Ärzte im Krankenhaus bei ihrer Arbeit unterstützen oder wie neue Computerprogramme Patienten bei Präventivmaßnahmen oder dem Monitoring ihres Gesundheitszustands helfen können. „Tech-Event? Klar, bin dabei", sage ich, und Vijay klopft sich erfreut auf sein Bäuchlein, das sich unter seinem weiten

T-Shirt abzeichnet und wahrscheinlich von nächtlichen Programmier-Sessions mit hohem Coca-Cola- und Pizzakonsum herrührt. „Cool, ich bin gespannt", freue ich mich auf den bevorstehenden Abend.

Nach der Arbeit fahren wir beide zusammen zum Event *SF New Tech*, einem der größten Technologie-Networking-Events von San Francisco. Veranstaltungsort ist der Nachtclub *Mighty* auf der Utah Street. Das Setting: eine alte Industriehalle, vor deren Tor ein breitschultriger Türsteher wacht. Draußen vor der Halle steht ein großer Truck, aus dem zwei runde Mexikaner Tacos servieren, gefüllt mit saftigem Hühnchen und Rindfleisch. Schließlich sind wir in der *Mission*, dem mexikanisch geprägten Teil San Franciscos. Wir betreten den Club und finden uns wieder inmitten einer Schar von Entwicklern, Unternehmern und Tech-Fans. Der Raum ist abgedunkelt, lediglich die Bühne ist spärlich beleuchtet. Das rote Scheinwerferlicht fällt direkt auf Myles, den, wie mir Vijay erklärt, Organisator der Veranstaltung. Langsam kehrt Ruhe ein, die Anwesenden um uns herum nehmen auf den klapprigen Plastikstühlen vor der Bühne Platz. Myles, lässig in Jeans und T-Shirt, stellt das Mikro an und stöpselt sein MacBook an den Projektor. Seit 2006 veranstaltet er dieses monatliche Networking-Event. Der *SF Examiner*, ein lokales Magazin, hat ihn bereits als Anführer einer Spaßfabrik bezeichnet. Networking-Events in der Start-up-Szene gehören zu San Francisco und dem Silicon Valley wie die Golden Gate Bridge zur Bucht. So gibt es zum Beispiel den *Mobile Monday*, eine monatlich stattfindende Networking-Veranstaltung für mobile Trends, *Girls in Tech*, ein Netzwerk für weibliche Technologie-Freaks mit regelmäßigen Events, oder die Internetplattform *Meetup*, über die man neben Technologie-Events auch zu jeglichem anderen Interessengebiet – von spirituellen Sinnsuchern über *Language Lovers* bis hin zu Kochgruppen – Veranstaltungen findet.

Ebenso gefällt mir GABA, die *German American Business Association*, eine weitere Organisation, die den Austausch zwischen amerikanischen und deutschen Unternehmen fördert und dazu regelmäßig Events organisiert.

„Willkommen zu San Franciscos größtem und ältestem Networking-Mixer!", ruft Myles den Anwesenden entgegen, während er sich durch sein stoppeliges Haar fährt. Applaus. Er macht ein paar Klicks auf seinem MacBook, und auf der breiten Leinwand hinter ihm leuchten uns in fetten, weißen Buchstaben die Worte entgegen: „I've missed more than 9000 shots in my career. I've lost almost 300 games. (...) I've failed over and over and over again in my life. And that is why I succeed." – „Leute, wisst ihr, wer mehr als 9000 Würfe verspielt, fast 300 Spiele verloren und immer wieder versagt hat?", fragt Myles. „Michael Jordan", flüstert mir Vijay von rechts zu. „Michael Jordan!", ruft Myles in die Menge. Spontanes Klatschen! Vijay grinst. „Richtig, der weltbeste Basketballspieler! Hat er trotz all der Niederlagen aufgegeben?" Myles macht eine symbolische Pause. „Not at all!", ruft ein Typ mit langen lockigen Haaren neben mir, und ich wundere mich ein bisschen über den Enthusiasmus, der im Publikum herrscht. „Right, never!", ruft Myles zurück. Myles zeigt auf die Leinwand hinter sich – auf dieser erscheint nun das Bild des Sportlers. „Michael hat immer wieder verloren, doch das war der Preis und auch die Voraussetzung für den Sieg." Die Menge klatscht.

Diesen „Spirit", Fehler zu machen und daraus zu lernen, haben viele der hier Anwesenden im Blut. Er scheint bezeichnend für die innovativen Schaltzentralen des Silicon Valleys in San Francisco, Mountain View und Palo Alto. Myles beginnt mit der Moderation der Tech-Stars des heutigen Abends. „Folks, heute haben wir euch wieder einiges zu bieten. Zehn Jungunternehmen präsentieren sich in jeweils fünf Minuten. Und es geht los mit dem Co-Founder und CEO von *Bamp Technologies*." Myles hüpft mit einem übertriebenen Satz vom Bühnenplateau und jauchzt. Am Rand der Bühne steht eine Digitaluhr mit roten großen Countdown-Zahlen, die mich an einen überdimensionierten Funkwecker erinnert und den Fünf-Minuten-Countdown anzeigt. Das Scheinwerferlicht fällt auf die leere Bühne. Dann erscheint ein junger Typ mit Bart, Karohemd und einem iPhone in der Hand auf dem Podium. „Okay, Leute! Ich werde euch jetzt zeigen, auf welche Art und Weise ihr nie wieder Visitenkarten austauschen müsst." Eine Sekunde später taucht auch der Mitgründer neben ihm auf. Die zwei beginnen ihren Fünf-Minuten-Pitch. Beinahe kommt er einer Theatervorführung gleich: Ein riesengroßer Bleistift, den der Gründer in der Hand hält, soll darstellen, wie schwierig das klassische Notieren von Kontaktinformationen ist, weil er sein Gegenüber entweder falsch versteht, sich verschreibt oder der Stift kaputt ist. Die Lösung wird auch gleich demonstriert: einfach die beiden Handys leicht aneinanderstoßen, so dass die Bluetooth-Schnittstelle aktiviert wird und die Kontaktdaten automatisch übertragen werden. Klatschen! Jubeln! Myles lobt die Technologie des Gründerteams. „Ein bisschen übertrieben diese Show", flüstere ich Vijay zu. „O no – I like it", entgegnet Vijay. „Es erinnert mich ein bisschen an die beeindruckenden Bollywood-Shows", sagt er und prostet mir lachend zu.

Und in dem Augenblick wird mir klar, dass ich gerade erleben darf, was den Unternehmergeist und starken Antrieb der Entrepreneure in San Francisco ausmacht. Wie sie den Show- und Spaßfaktor nutzen, um sich selbst und ihre Überzeugungen zu präsentieren. Obwohl die beiden lediglich ein mobiles Computerprogramm demonstrieren, macht es Spaß, zuzuschauen, und es ist für jeden verständlich. Als wir nach der Veranstaltung in das Dunkel der kalifornischen Nacht treten und auf den Bus warten, wissen wir, dass dies

nicht unser letztes Event gewesen ist. Vijay klopft mir freund-
schaftlich auf die Schulter. „Na, hat dich der Silicon-Valley-
Virus schon erfasst?" Doch als ich gerade antworten möchte, kommt der Bus. Und während wir durch das abendliche
San Francisco ruckeln, unterhalten Vijay und ich uns über
die Technologie-Pitches auf dem *SF New Tech-Event*. Was all
die Gründerteams verbindet, ist der Glaube, dass sie es
schaffen können: den Durchbruch mit einer Internettech-
nologie, das große Geld, das Lösen eines Problems. Sie sind
von großen Ideen angetrieben, haben risikoreiche Pläne und
wollen die Welt verändern – genauso, wie es schon viele
mutige Unternehmer, politisch Andersdenkende und furcht-
lose Goldsucher vor ihnen in und um San Francisco getan
haben.

Irgendwie werde ich den Gedanken nicht los, dass San
Francisco und seine Einwohner etwas Gegensätzliches in
sich tragen: Die Stadt erscheint mir wie ein zärtlich renovier-
ter Oldtimer, dessen Lackmantel und Karosserie liebevoll gepflegt und poliert und dessen Felgen mit Blumenschmuck
aufwendig dekoriert wurden. Vollbesetzt mit Passagieren aus
aller Herren Länder. Der Oldtimer ist schrullig, verschroben
und wahnsinnig liebenswert. Doch die Insassen sind frei
und rebellisch, zusammengesetzt aus den verschiedensten
Nationen der Welt und erfüllt von großen Plänen. Sie liefern
dem Oldtimer einen starken Antrieb; den Porsche-Motor sozusagen. Diese Kultur und Atmosphäre des You-can-do-it-
Glaubens habe ich so bisher noch nicht erlebt, und ich muss
zugeben, dass diese Mentalität eine große Anziehungskraft
auf mich ausübt. Irgendwann möchte ich auch Teil eines
Gründungsunternehmens sein. Wer weiß, vielleicht ja sogar
gemeinsam mit Vijay. Schließlich hatte er schon einmal
angedeutet, dass er große Pläne mit der Healthcare-Platt-
form hat. Und ich glaube an seine Idee, weil ich täglich mit
Patientengruppen und Ärzten in Kontakt bin und sehe, wie

veraltet viele Prozesse im Gesundheitswesen sind. Es gibt
also viel zu tun! Doch im Moment ist mein Entdeckergeist
für die neue Heimat noch größer: die Freundschaften mit
Rose und Mari Carmen und natürlich Nick, der mir nicht
mehr so richtig aus dem Kopf gehen will.

Streifzug:
Atmen Sie den Geist der Einwanderer!

Falls Sie sich über den starken Geist und die Vielfalt an Kulturen in San Francisco wundern, sollten Sie einen Blick in die Geschichte der Stadt werfen: Als das Gold gefunden wurde, startete eine der größten Völkerwanderungen der Menschheitsgeschichte. Innerhalb eines Jahrzehnts wuchs die Stadt von einem 500-Seelen-Dorf zu einer Metropole mit über 50 000 Einwohnern heran. Doch nicht nur das Gold lockte die Menschen nach Kalifornien: Die spanischen Missionare, die chinesischen Arbeiter und die Immigranten aus Russland, Italien und Japan legten monatelange Reisen zurück, um ihr Glück im verheißungsvollen Land der unbegrenzten Möglichkeiten zu versuchen. Bis heute reißt der Zulauf am Zufluchtsort der *Coast of Dreams* nicht ab: Internet- und Computerhelden, Kreative und Spirituelle, Lesben, Schwule, Bi- und Transsexuelle kommen nach San Francisco, um hier das vom amerikanischen Autor Frank Norris hochgelobte „Märchenleben" in der „Bilderbuchstadt" zu finden. In San Francisco steckt die Kraft und Zuversicht der Träumer und Kämpfer, die der Stadt diesen besonderen Geist verleihen. Die *Bay Area* hat sieben Brände überdauert, die großen Erdbeben von 1906 und 1989 überstanden. Sie war Abschiedshafen der Liberty-Frachter während des Zweiten Weltkriegs, sie war Gründungsort der United Nations in 1945, Geburtsort der Hippies und jeder Menge Innovationen wie der Computermaus oder des Mikrochips. Frischen Geist finden Sie hier allemal!

„San Francisco is 49 square miles surrounded by reality.“
PAUL KANTNER, ROCKMUSIKER

März

Pazifisches Walgeflüster

„One day if I do go to heaven, I look around and would say it's nice, but it ain't San Francisco", singt Mari Carmen, was übersetzt so viel heißt wie „Wenn ich eines Tages in den Himmel komme und mich umschaue, würde ich sagen: Ist ja ganz nett, aber es ist eben nicht San Francisco." Die Herb-Caen-Texte haben es ihr angetan. Sie hat in den letzten Tagen einen Artikel über den Kolumnisten verfasst, der mehr als sechzig Jahre lang „seinem" San Francisco in Büchern und Artikeln wunderbare Liebeserklärungen machte.

Mari Carmen und ich sind gerade auf dem Weg von der BART-Station zum Mission Dolores Park im spanischen Teil der Stadt. Die BART (Abkürzung für „Bay Area Rapid Transit") ist das Nahverkehrssystem, teilweise U-, teilweise S-Bahn, das die wichtigsten Orte der Bucht San Franciscos miteinander verbindet. „Endlich haben wir mal T-Shirt-Wetter, nicht wahr, Chorizo?", necke ich sie. Sie rückt nur ihre Sonnenbrille zurecht. Obgleich sie die Figur und Größe eines spanischen Magermodels hat, ärgert sie sich jedes Mal darüber, wenn ich sie aus Spaß als spanische Paprikawurst bezeichne. Unsere Freundschaft hat eine schier mysteriöse Intensität angenommen. Obwohl wir uns erst vor zwei Monaten trafen, fühlt es sich an, als würden wir uns bereits seit Jahren kennen. Wir können über alles reden, und ich habe mit ihr innerhalb weniger Wochen eine genauso intensive Freundschaft aufgebaut wie mit meinen besten Freundinnen in Deutschland in mehreren Jahren. Wahrscheinlich bleibt einem in der Ferne auch nichts anderes übrig. Möglicherweise ist San Francisco aber auch ein Ort, an dem Menschen Freundschaften unvoreingenommener schließen als in anderen Teilen der Welt, weil viele hier „neu" sind und ihr Heimatland erst kürzlich verlassen haben.

„Da vorne ist ein schönes Plätzchen", ruft Mari Carmen, und wir lassen unseren Blick über die Wiese schweifen, auf der die Menschen in der Sonne liegen. Über den Park bis hin zu den Dächern vom Bankenviertel können wir blicken und sogar ein kleines glitzerndes Stückchen Blau der Bucht erhaschen. Bei schönem Wetter halten sich im Mission Dolores Park Hunderte von Menschen auf. Sie spielen Baseball, werfen ihren Hunden Stöckchen zu oder sitzen glücklich futternd mit ihren Burritos auf der Picknickdecke. Auch heute riecht es nach gebratenem Hühnchenfleisch und gerösteten Zwiebeln. Schließlich ist der lebensfrohe Stadtteil *Mission* berühmt für seine Burritos, das sind mexikanische, saftig gefüllte Teigrollen mit Hühnchen, Mais, gekochten Bohnen, frischen Avocados, Tomaten und saurer Sahne.

In der *Mission* treffe ich immer wieder auf ein Kaleidoskop unterschiedlicher Kulturen: Immigranten aus Nicaragua, Guatemala, Honduras und Mexiko. Und immer ist es hier etwas bunter, lauter, kreativer und chaotischer als in anderen Teilen der Stadt. Wandgemälde und Graffitis, die in der Mittagssonne erstrahlen, werden von mexikanischer Musik aus Bars, Shops und Privathäusern entlang der 24th Street untermalt. Die Menschen sitzen auf den Stufen ihrer Häuser, lachen und reden. Und hin und wieder pfeifen die jungen Männer einer hübschen Frau hinterher.

In der *Mission* kann man oft noch Sonne tanken, wenn es *downtown* schon kühl und schattig ist. Das liegt daran, dass der Park im sonnigen Mikroklima von San Francisco liegt, wo es durchschnittlich sechs Grad wärmer ist als in der Stadt. Wir lassen uns im Gras nieder, das von der Sonne bereits vorgewärmt ist. Ich strecke alle Viere von mir und blicke in den azurblauen Himmel. Keine einzige Wolke behindert die Sicht; nur unendliche blaue Weite über unseren Köpfen. Ich kremple meine Jeans bis zu den Knien hoch, die im Vergleich zu Mari Carmens sonnengeküssten Beinen zwei weißen Kartoffelstampfern ähneln. „Deine spanische Pigmentierung hätte ich auch gerne." Mari Carmen kichert. Ihre schwarzen Locken umspielen ihr Gesicht und sorgen in der Männerwelt regelmäßig für freudige Blicke. Doch Mari Carmen ist meist weniger begeistert. „Die spanische Pigmentierung hilft mir hier auch nicht weiter. Männertechnisch hat San Francisco echt nicht viel zu bieten", motzt sie, schaut sich aber trotzdem interessiert nach unseren Wiesennachbarn um. „Also, ich finde, dass Nick eigentlich ganz passabel ist", muss ich zugeben. „Der ist ein Sonderfall. Im Ranking der ‚männlichsten Männer' der USA steht San Francisco nämlich auf einem der letzten Plätze – neben Oakland und Los Angeles." – „So, so. Nach welchen Kriterien bestimmen die denn Männlichkeit?" – „Popularität von Hobbys wie Jagen, Fischen und Bowling sowie die Konzentration von BBQ-Restaurants." Ich muss laut losprusten. „Ich könnte dir Vijay anbieten. Der ist echt lustig." Doch Mari Carmen lehnt ab. „Die ganze Dating-Nummer hier ist sowieso viel zu kompliziert. Und wenn dann auch noch jeder fünfte Typ schwul ist, wird man wirklich verrückt. Was läuft jetzt eigentlich zwischen euch?", fragt sie und setzt eine beiläufige Miene auf. „Ach, Nick, mein *Significant Other*", sage ich unsicher. Unter einem *Significant Other* verstehen die Amerikaner jemanden, zu dem man eine enge Beziehung hat. Das kann jedoch alles sein – von einer Affäre, einem Date bis hin zu einem festen Freund oder einer festen Freundin. „Ob wir ein Paar sind, weiß ich nicht. Wir haben nie darüber gesprochen, aber ich hätte nichts dagegen." –

„Na ja, zumindest ist Nick ja ein ganz Süßer. Mich verfolgt da eher das Pech. But you guys make a cute couple", meint Mari Carmen, und ich freue mich darüber, dass sie uns als niedliches Pärchen erachtet. „Du hättest bei den Kissenkämpfen dabei sein sollen. Das war ein super lustiger Abend. Nick hatte einen Freund dabei, der dir gefallen hätte", entgegne ich geheimnistuerisch. Jedes Jahr am Valentinstag finden die Kopfkissenkämpfe im Bankenviertel auf der Justin Herman Plaza statt. Romantik und Kuschelstimmung adieu! Jeder ist mit einem Federkissen bewaffnet und alle schlagen so lange blindlings auf ihre Umgebung ein, bis die Bezüge aufplatzen und die Federn in weißen Wölkchen auf die Teilnehmer flattern. Ein Heidenspaß!

„Bist du nächstes Wochenende hier?", fragt Mari Carmen. „Leider nein, ich will mit Nick einen Ausflug zum Point Reyes National Seashore machen." Denn das Naturschutzgebiet vierzig Meilen nördlich von San Francisco kenne ich bisher nur aus Erzählungen: Hier strandete 1579 Sir Francis Drake, der englische Entdecker, um sein Schiff zu reparieren. „Nick sagte, dass es total einsam dort sei." Das Gebiet soll in der Tat eines der schönsten Naturidylle in Nordkalifornien sein: Die Halbinsel, von fast allen Seiten vom Meer umschwemmt, bietet eindrucksvolle Blicke auf die schroffe Steilküste und menschenleere Strände. Während am stürmischen Himmel Raubvögel ihre Kreise ziehen, stolzieren Hirsche über die Tundra-artigen Hügel und Weiden – ein raues, unberührtes Naturparadies unweit meiner Haustür. Ich kann es kaum erwarten! „Oh, là, là, was hat der denn mit dir vor? Tue bloß nichts, das ich nicht auch machen würde. Schade, denn sonst hätten wir etwas unternehmen können. Mir kommt mit meinem Buch gerade jede Ablenkung gelegen", sagt sie enttäuscht. „Aber Point Reyes ist wirklich sehenswert. Ihr müsst auf jeden Fall in eine der Austernfarmen fahren." Ihr Favorit sei die *Tamales*

Bay Oyster Company, die direkt am Highway 1 hinter dem Ort Milerton liegt. „Ihr könnt die Austern vor Ort kaufen, knacken und essen. Total lecker. Es gibt auch noch die *Hog Island Oysters* bei Marshall, aber da zahlt man pro Person ein paar Dollar Eintritt." Sie macht kurz Pause und beobachtet ein Hundefrauchen, das seinem etwas zu fett geratenen Mops Tennisbälle zuwirft. Das kleine Moppelchen ignoriert diese jedoch, die Düfte, die von der benachbarten Picknickdecke herüberwehen, sind reizvoller. Möpse sind in San Francisco total angesagt, vielleicht weil sie klein genug für eine Stadtwohnung und zu hässlich zum Klauen sind. Jeden ersten Sonntag im Monat trifft sich die Mops-Fangemeinde im Alta Plaza Park zum sogenannten *Pug Sunday* und ist ganz hin und weg von den eingedrückten Hundegesichtern.

„Wie läuft dein Buch denn?" Seit einiger Zeit schreibt Mari Carmen schon an einem Buch über Kalifornien. „Ach, hör mir damit auf! Manchmal fühlt es sich so an, als ob man im *Land of Dreams* alles erreichen könne, und die Worte fließen nur so auf den Bildschirm. An anderen Tagen, da frage ich mich, ob das mit dem *American Dream* nicht einfach völliger Quatsch ist. Es ist sogar noch schwieriger, hier einen Auftrag zu erhalten, als in Spanien", antwortet Mari Carmen leicht niedergeschlagen und schnipst einen Käfer von ihrem Knie. Sie will eine erfolgreiche Schriftstellerin werden. Und dieser Traum war es auch, der sie nach *North Beach,* dem italienischen Teil von San Francisco, brachte. Nicht wegen der Italiener, sondern weil *North Beach* schon immer die literarische Hochburg der Stadt gewesen ist und auch heute noch viele Schriftsteller anzieht.

Mari Carmen streichelt den Mops, der jetzt schwanzwedelnd an unserer Decke steht. „Vielleicht hast du recht", meine ich. „Aber ich treffe insgesamt mehr Menschen, die es zumindest mal probieren, ihre Träume zu leben. Vijay zum Beispiel", entgegne ich. „Alleine mit ihm zu reden bringt dich jeden Tag auf neue Ideen, wie man mit modernen Internettechnologien den Gesundheitssektor verbessern könnte." Ich erzähle Mari Carmen, dass ich auch gerne für ein Gründungsunternehmen arbeiten würde. Seitdem Vijay und ich regelmäßig Start-up-Events besuchen, lässt mich dieser Gedanke nicht mehr los. „Da kannst du richtig was bewegen! Deine eigenen Ideen umsetzen", ergänzt Mari Carmen. „Aber so ein Start-up ist auch mit sehr viel Risiko verbunden", gebe ich zu, „und das vermeiden wir Deutschen ja tunlichst." Ich muss an Nick denken, der für ein Internet-Start-up im Gesundheitsbereich arbeitet und den Bereich *Operations* leitet. Er hatte mir erzählt, dass es ihm unheimlich viel Spaß mache und er sich gar nicht vorstellen könnte, etwas anderes zu machen. „Du hast ja auch noch etwas Zeit. Komm erst einmal an." Mari Carmen lächelt. „Wer weiß, vielleicht kannst du mit Vijay aus dieser Gesundheitsplattform ja mal ein Start-up machen. Du hast doch die Kontakte und arbeitest in deinem täglichen Job viel am Aufbau irgendwelcher Märkte – was auch immer das bei euch Wirtschaftsleuten heißen mag", sagt sie mit etwas ironischem Unterton, und ich muss lachen. In der Tat arbeite ich viel an Business-Plänen und Marktstrategien, aber so etwas im kompletten Alleingang zu verantworten wäre schon eine etwas andere Herausforderung. „Ich habe aber so etwas noch nie gemacht", entgegne ich. „Ja, und?", fragt Mari Carmen. „Meinst du, die Goldsucher hatten schon mal etwas ausgegraben, bevor sie die weite Reise nach San Francisco angetreten sind? Meinst du, dass ich schon mal irgendwas veröffentlicht habe, bevor ich entschieden habe, es in San Francisco zu versuchen?"

Es steckt Wahrheit in dem, was Mari Carmen sagt. Doch ich glaube, dass gerade für uns Deutsche das Einlassen auf den *American Dream* und das Einschlagen einer neuen Richtung eine gewisse Überwindung erfordert – ganz egal, ob es sich dabei um einen neuen Job, eine frische Liebe oder eine fremde Stadt handelt. Möglicherweise tragen wir einfach nicht diesen Grundoptimismus in uns, dieses blinde Vertrauen in die gute Wendung und die naive Sicherheit, dass schon alles gut werden wird. Der bekannte kalifornische Historiker Kevin Starr nennt dieses starke Glücksstreben *the intensified pursuit of human happiness*, also das verstärkte Streben nach Glück. Diese intensive Lebenslust haben die Einwohner San Franciscos trotz vieler gewaltiger Rückschläge eindrucksvoll bewiesen: als die Ureinwohner Kaliforniens, die Ohlone-Indianer, ihre Nächte tanzend unter dem Sternenhimmel verbrachten, obwohl sie den Einmarsch der Spanier befürchteten; als 1906 das große Erdbeben die Stadt komplett in Schutt und Asche legte und die Menschen unmittelbar danach in den Trümmern nach Töpfen suchten und auf der Straße Essen kochten; als aus dem *Summer of Love* ein LSD-geprägter Höllentrip wurde und wenig später der AIDS-Virus viele Menschen im Schwulenviertel *Castro* dahinraffte und sich die Bewohner in Freiwilligenorganisationen zusammentaten, um den Leidenden zu helfen. Jedes Mal vereinten die San Franciscans ihre Kräfte und erkämpften sich ihr Lebensglück zurück. Selbst, wenn das bedeutete, dass sie manchmal einfach ein bisschen mehr träumen mussten, um ihr Gleichgewicht wiederzufinden.

Das Wochenende darauf sitze ich bei Nick auf dem Beifahrersitz. Und zwar mächtig aufgeregt! Das Armaturenbrett seines klapprigen grünen Jeep Patriot ist in eine dicke graue Staubschicht gehüllt. Nick sieht müde aus, dunkle Ringe hängen unter seinen Augen. Auch die kleinen Augenfalten liegen tiefer als sonst. Er hat gestern Abend wohl auch etwas zu lange gefeiert. „Du siehst geschafft aus. Hast du die ganze Nacht getanzt?" Ich kann einen leicht vorwurfsvollen Unterton nicht verbergen, obwohl ich ja selbst gestern noch recht lange unterwegs gewesen bin. Er gefällt mir natürlich trotzdem, aber das denke ich mir nur. Mit der Sonnenbrille in den Haaren und seinem iPhone, aus dem er gerade Musik auswählt, finde ich ihn einfach umwerfend amerikanisch. Zumindest habe ich mir so immer den typischen Kalifornier vorgestellt: wie Nick mit seinem Kapuzenpullover, den Leinenshorts und den Flip-Flops. Umwerfend amerikanisch? So ein Schwachsinn. In Deutschland habe ich auch schon gut aussehende Männer gesehen. Aber da habe ich mir nie gedacht: Mann, ist der umwerfend deutsch.

„Feiern? Schön wär's", antwortet er. „Ich war mit ein paar Buddies (Freunden) einen Film im *Sundance Kabuki* anschauen. Danach musste ich noch für ein paar Stunden ins Büro. Gerade ist die Hölle los." – „Kabuki was?", erkundige ich mich. „Im *Sundance Kabuki Cinema* findet gerade das *Asian American Film Festival* statt. Über zweihundert Filmemacher stellen ihre Werke vor. Das ist echt super!" Nick dreht die Musik auf. „Aber nun freue ich mich auf unseren Trip."Aus den Boxen tönt Green Day: „She's a rebel – She's a saint – She's salt of the earth – And she's dangerous ..." Oh ja, das bin ich bestimmt.

Zu der Zeit, als ich San Francisco nur von Post- und Weltkarten kannte, hatte ich mit der aufregenden Metropole – neben Mary Ann Singleton aus den „Stadtgeschichten" – nur die Seehunde der Fisherman's Wharf, die Hippies mit Blumen in den Haaren und die Cable Cars auf den Hügeln der Stadt verbunden. Außerdem kannte ich, wie wohl alle Deutschen, den Song „Mendocino" von Michael Holm. „Wie weit ist Mendocino eigentlich von Point Reyes entfernt?", frage ich Nick, während ich die Landkarte von Kalifornien studiere. Nick blickt zu mir herüber und grinst. „Wieso? Knapp vier Stunden." Ich muss an den Song denken, und singend versuche ich zu übersetzen. „Mendocino, Mendocino, ich fahre jeden Tag nach Mendocino, an jeder Tür klopfe ich an, doch keiner kennt mein Girl in Mendocino." Nick lacht. „Den Ort besuchen nur wenige Kalifornier. Wir wundern uns eher, dass die Deutschen auf ihrem Trip immer hoch in den Norden fahren wollen. Was wir heute machen, ist noch viel schöner als Mendocino – Highlight wird der Leuchtturm am Kap von Point Reyes." Die deutsche *Wanderlust*, meint er, werde er wohl nie verstehen.

Kaum haben wir die Golden Gate Bridge überquert, sind wir von Natur umgeben. Links von uns erheben sich die sturmzerzausten Klippenküsten aus den Tiefen des Pazifiks. Rechts erblicke ich turmhohe Redwood-Bäume und steile Hügellandschaften. Die Sonne blinzelt zwischen dem Grün der Zweige hervor. Vor uns verläuft die schmale kurvige Straße des Highway 1. Über uns erstrahlt der morgendliche Himmel noch blauer als der Pazifik. Dabei ist es März. In Deutschland herrscht zu dieser Zeit zumeist noch immer eine Eiseskälte, und man sieht wenig von der Sonne. Ich halte meine Handy-Kamera aus dem Fenster, schieße ein Foto und schicke es an meine Familie im kalten Deutschland: Viele Grüße aus dem *Golden State*!

Gemächlich fahren wir auf dem heute fast menschenleeren Highway 1 dahin, bis wir den Muir Beach erreichen und Nick auf dem Strandparkplatz zum Stehen kommt. „Erster Stopp", sagt er und schaut mich unternehmenslustig an. „Wenn wir noch mal hierhin kommen, müssen wir uns das Muir Woods National Monument anschauen. Dort kann man die Redwood-Bäume bestaunen, die größten Lebewesen auf Erden mit über tausend Jahren auf dem Buckel." Er springt aus dem Wagen, läuft um das Auto herum und öffnet mir galant die Tür – noch bevor ich selbst dazu komme. „Heute habe ich allerdings andere Pläne mit dir", lässt er verlauten und reicht mir die Hand. Wir gehen den kleinen Weg zum Strand hinunter, und vor uns öffnet sich die unendliche Weite des Pazifiks. Lediglich ein paar tapfere Surfer, die auf den Wellen schaukeln, leisten uns in der Ferne Gesellschaft – kleine bunte Punkte, die im blaugrünen Pazifik dahingleiten, immer auf der Suche nach dem nächsten Kick. Nick und ich laufen am Wasser entlang; dort, wo der Sand vom Trockenen ins Nasse übergeht und Reste von Algen sich um kleine Muscheln winden. Nur ein paar einsame Möwen schauen uns gelangweilt zu. Obwohl die Sonne sich blassgolden auf den Strand senkt, ist es kühl und windig – Nordkalifornien eben. Hier liegen die Durchschnittstemperaturen immer bei angenehmen 12 bis 18 Grad Celsius (was 53 bis 64 Grad Fahrenheit entspricht). Wenn einmal länger als zwei Tage südkalifornische Temperaturen herrschen, spricht jeder gleich von einer Hitzewelle.

„Es ist total schön hier", sage ich und kann mich vom Anblick des Muir Beach kaum trennen. Diese Ruhe der Natur, die uns umgibt, obwohl wir die Stadt erst vor wenigen Minuten verlassen haben, beeindruckt mich. Sie lässt mich das Büro mit dem dazugehörigen Stress und auch die innerliche Aufregung um Nick vergessen. Ebenso verzieht sich für kurze Zeit meine Sorge, dass ich schleunigst ein neues Apartment finden muss. Ende April endet mein Mietvertrag in der Sutter Street. Ich hake mich bei Nick ein, und er zeigt aufs Meer. „Ich hoffe, dass ich dir Grauwale zeigen kann. Tausende von ihnen ziehen hier jedes Jahr vorbei", sagt er nun ganz dicht an meinem Ohr. Der Ausblick auf Wale und Nicks Gesicht so nah an meinem Ohr schicken ein Kribbeln durch meinen ganzen Körper. „Ich kann es kaum erwarten", antworte ich und gebe ihm einen flüchtigen Kuss. „Doch erst einmal stärken wir uns, und dann können wir am Bear Valley Visitor Center wandern gehen", schlägt er vor und legt seinen Arm um meine Schultern.

Gesagt, getan. Nachdem wir uns in einem Café am Stinson Beach gestärkt haben, fahren wir weiter nach Olema, einem kleinen Ort unweit des Naturschutzgebiets Point Reyes.

Im Besucherzentrum begrüßt uns eine blonde Rangerin in khakifarbenem Park-Outfit und gibt uns Empfehlungen für Wanderpfade. „Ihr solltet auf jeden Fall den Erdbebenwanderpfad, den *Earthquake Trail,* laufen. Weitere schöne Wege sind der *Palomarin,* mit 11,5 Meilen der längste von allen. Aber auch der *Arch Rock* und der *Wildcat Camp* sind super und ungefähr halb so lang." Sie muss es ja wissen! Ich würde statt Wanderpfaden auf Erdbebengebiet viel lieber die Wale sehen, denn von all den Erdstößen habe ich bereits gehört, auch von dem großen, das womöglich noch bevorsteht. Die Kalifornier nennen es nur *Big One.*

„Statistiken des kalifornischen seismographischen Institutes sagen voraus, dass bis zum Jahre 2032 mit einer Wahrscheinlichkeit von ungefähr 65 Prozent ein starkes Erdbeben die kalifornische Bevölkerung durchschütteln wird", erklärt die Rangerin mit neutraler Stimme, während mir ein kalter Schauer über den Rücken läuft. Sie führt uns vor eine Karte. „Es wird mindestens eine Stärke von sieben auf der Richterskala erwartet", fügt sie mit einer Ruhe hinzu, als würde sie mir gerade mitteilen, dass es gleich anfängt zu regnen. Dabei stürzen doch ab sieben Richtermagnituden Brücken ein, und Gebäude brechen zusammen. „Schaut mal hier! Die Welt besteht aus sieben großen Kontinentalplatten." Sie zieht die Platten mit den Fingern auf der Karte nach und deutet dann an, an welcher Stelle die beiden Erdplatten – die pazifische und die nordamerikanische – entlang ihrer Bruchstelle, der sogenannten San-Andreas-Fault, weiterhin in Bewegung sind. „Diese Spalte alleine ist um die tausend Kilometer lang." Aber das ist noch nicht alles. Die Erdbebengefahr wird noch zusätzlich verstärkt, denn San Francisco liegt auch nahe der Hayward-Fault, einer weiteren Verwerfungszone, wo sich die zwei Kontinentalplatten treffen. Ich stelle mir vor, wie die Spalten fortwährend aneinander vorbeischrammen, sich irgendwann verkanten und dann ruckartig nach oben reißen und ein Erdbeben auslösen. Ich blicke zu Nick, doch der verzieht keine Miene. Die Vorsichtsmaßnahmen, die auf staatlicher und privater Ebene getroffen werden, sind nicht ansatzweise ausreichend. So hatte auch das letzte Beben 1989 mit einer Stärke von knapp sieben Richtermagnituden große Schäden in vielen flach gelegenen Teilen San Franciscos sowie in der East Bay verursacht. Sichtlich geschockt höre ich ihr weiter zu. „So, das wär's. Jetzt lauft einmal den Earthquake Trail, da spaziert ihr direkt auf dem San-Andreas-Graben entlang", sagt sie. Ich bin mittlerweile komplett verunsichert und werde die Vorstellung nicht los, dass die Rangerin sogar ein bisschen Genugtuung bei dem Gedanken empfindet, dass ich Feigling mich auf die Spalte begeben muss. Auf einmal empfinde ich den harten, robusten Steinweg unter mir nicht mehr als selbstverständlich, und bei dem Gedanken daran, dass ich über eine der weltweit aktivsten Erdbebenzonen laufe, setze ich vorsichtig einen Fuß vor den anderen. Nick hingegen marschiert mit großen Schritten unternehmungslustig voraus und scheint völlig unbeeindruckt.

Nach wenigen Minuten stehen wir vor zwei Zaunstücken, die in der Mitte auseinandergebrochen und einige Meter voneinander getrennt sind. „Wow, look at that", staunt Nick. Er zieht mich zu sich herüber vor eine Informationstafel, die neben den zwei Zaunstücken in den Weg gerammt ist: „Sie befinden sich nun auf der San-Andreas-Spalte. Beim San-Francisco-Erdbeben von 1906 wurde der Zaun vor Ihnen über sechs Meter weit auseinandergerissen." Wir schauen uns die Bilder unter dem Text an. Sie zeigen, wie Bauern 1906 notdürftige Zaunverbindungen errichteten, die verhindern sollten, dass das Vieh ausbricht. Andere Fotos lichten Häuser ab, die vollständig auseinanderbrachen, und eine Stadt, die zur Hälfte herunterbrannte: San Francisco nach dem großen Beben.

Angesichts dieser Geschichte und auch der allzeit latenten Gefahr bleibt den Kaliforniern gar keine andere Wahl, als mit lässiger Zuversicht zu reagieren. Ich muss daran denken, was ein amerikanischer Kollege einmal sagte, als ich ihn auf das große Erdbeben ansprach: „Wenn du Angst hast, dass das große Erdbeben kommt, nur weil ein paar Statistiken kursieren, dann kannst du genauso befürchten, dass ein Asteroid die Erde trifft und dich erschlägt." Damit war für ihn die Erdbebensorge begraben. Für mich allerdings fängt sie heute erst so richtig an. Ich nehme mir vor, nächste Woche erst einmal einen Feuerlöscher und ein Erdbeben-Überlebenspaket anzuschaffen, was ich mir dann beides unters Bett lege – man weiß ja nie. Allein bei dem Gedanken an die mögliche Katastrophe bildet sich ein dicker Kloß in meinem Hals. Ich weiß nicht, ob es Nick auch so geht. Es ist ein Gefühl, dass hier niemals alles auf ewig so bleibt, wie es gerade ist; eine Furcht, dass im Falle eines großen Bebens meine alltägliche Panoramawelt schwanken würde wie eine Nussschale auf den Wellen des Meers, dass Häuser aufbrechen würden, Straßen auseinanderreißen und Brücken in sich zusammensacken wie Pappmaschee. Führt das paradoxerweise dazu, dass mich San Francisco und die Vielseitigkeit seiner Natur und Menschen noch mehr begeistern? Habe ich deswegen hier das Gefühl, mein Leben intensiver zu leben? Oder geht es einem in der Fremde immer so?

Als wir am Nachmittag am Leuchtturm von Point Reyes ankommen, bin ich erwartungsvoll wie ein Kind vor dem Weihnachtsfest. Schließlich hat Nick mir versprochen, dass wir die grauen Riesen beobachten können. Wir gehen die 308 Stufen zum Leuchtturm hinunter, der wider Erwarten nicht oben auf den Klippen thront, sondern klein und altersschwach am Fuße der Felsen in der untergehenden Sonne dahindämmert. Während ich die Stufen zähle, ertönt das gleichmäßige Nebelhorn. Bereits seit 1870 trotzt er allen Wettern, und seine roten verwitterten Ziegel haben schon vielen Stürmen Widerstand bieten müssen. Diese Stelle ist als der windigste Punkt an der gesamten Westküste Kaliforniens bekannt – daher auch oft gesperrt. Doch wir haben Glück, er ist begehbar. Eine alte Dame im Pelzmantel schaut durch ihr Fernglas auf den Pazifik, ihre Haare wehen im Wind. Über uns rotiert das Leuchtturmlicht und wirft alle paar Sekunden einen matten Lichtschein auf das Meer. „Sie alle hoffen, Wale zu sehen", sagt Nick. „Aber meistens bleibt es nur ein Wunsch." Am Leuchtturmhäuschen angekommen, stellen wir uns an das rostige Gitter und schauen aufs Meer hinaus. Über uns kreischen ein paar Möwen, als wollten sie die Grauwale herbeirufen. Nick nimmt meine Hand, die bereits schon wieder friert, und holt sie zu sich in die Jackentasche. Ich spüre wie seine warmen Finger meine Hand umschließen. „Wir werden wahrscheinlich etwas warten müssen", sagt er. Mit der freien Hand ziehe ich meine warme Wachsjacke ganz zu. Die andere Hand will ich jetzt lieber nicht mehr bewegen aus Angst, dass Nick sie sonst loslassen könnte. „Es war so beeindruckend, als ich zum ersten Mal die großen Meeressäuger gesehen habe. Wusstest du, dass San Francisco bis zum Anfang des 20. Jahrhunderts die Hauptstadt des Walfangs gewesen ist?" Ich will gerade antworten, da spricht er auch schon weiter. „Die Jäger hatten es von hier aus nicht weit bis zum Ozean. Damals waren die Walfänger ganz scharf auf das tierische Öl. Doch als dann das Kerosin aufkam, ging die Nachfrage nach dem kostbaren Fett zurück."

Während die Sonne vor uns gemächlich am Horizont des Pazifiks versinkt und das Kräuseln der Wellen immer dunkler wird, sehe ich auf einmal in mehreren hundert Metern Entfernung eine Wasserfontäne aus dem Wasser aufspritzen. Ist das möglich? Die Wale sind da! Unmittelbar vor uns müssen sie sein. Sie sind in Schwärmen unterwegs, und alle paar Sekunden spritzen jetzt Wasserfontänen in den Himmel. Manche wirken wie kleine Springbrunnen, andere wie feine Dunstwolken. Für einige Momente halte ich den Atem an. „Nick, sie sind da!", rufe ich. In knapp hundert Metern Entfernung kann ich nun sogar den langen Rücken von einem der riesigen Meeressäuger erkennen: wie eine grau-schwarze Insel steigt er aus dem Meer herauf und gleitet in der bereits tief stehenden Sonne schwerelos im Wasser am Horizont dahin. Plötzlich: Eine metergroße Schwanzflosse, schwarz wie Schiefer, taucht für Sekunden aus dem Wasser auf und erhebt sich machtvoll über dem Ozean. Der Grauwal bewegt die Flosse, und die Wassermassen rinnen daran herunter. Ich halte die Luft an. Nick drückt meine Hand in der Jackentasche ganz fest. „Das Fontänen-Spektakel wiederholen sie bis zu acht Mal in Folge. Dann tauchen sie wieder mehrere Minuten lang ab", flüstert er aufgeregt. Mit dem pfeifenden Wind kann ich ihn kaum verstehen. „Die Wale ziehen von den warmen Gewässern Mexikos nun hoch in die kalten, nahrungsreichen Gefilde Alaskas. Sie haben ihre Kälber dabei und schwimmen so nah am Ufer, um ihren Nachwuchs vor den weißen Haien zu schützen. In den Monaten Dezember bis Februar geht es dann wieder in den Süden." Noch nie in meinem Leben bin ich den Giganten des Meeres so nahe gewesen. Ich erwidere Nicks Händedruck. Er hat sein Versprechen gehalten.

Streifzug:
Werden Sie zum Entdecker!

Nicht nur ein Ausflug in den Norden lohnt sich, sondern auch die beeindruckende Küstenroute über den Highway 1 in den Süden ist eine Reise wert. In Big Sur, dem eindrucksvollen Küstenstreifen, hat sich schon der Schriftsteller Henry Miller niedergelassen. Sein Haus kann man heute noch besichtigen. Sie haben nur wenige Stunden? Radeln Sie über die Golden Gate Bridge in die Ortschaften Sausalito oder Tiburon und nehmen Sie die Fähre zurück: Die Skyline von San Francisco hat Suchtpotential! Auch die Gefängnisinsel Alcatraz sollten Sie sich nicht entgehen lassen. Geldgierige Immobilienhaie haben die Insel bereits als luxuriöses Wohnreservoir in ruhiger Lage umgestalten wollen, doch der sagenumwobene Ort hat viel zu viel Geschichte, als dass man ihn einfach umbauen könnte. Zudem gehört Alcatraz dem Staat, und der hütet das Eiland wie seinen Augapfel. Schon im amerikanischen Bürgerkrieg diente die Insel als Militärkerker. Ab 1933 funktionierte man sie dann in eines der größten Hochsicherheitsgefängnisse der USA um. Zu den wohl bekanntesten Alcatraz-Insassen zählten Bösewichte wie Robert Stroud, der „Birdman von Alcatraz", Al „Scarface" Carpone und George „Machine Gun" Kelly. Gefährliche Killer, brutale Kinderschänder und skrupellose Menschenhändler: Die gefährlichsten Kriminellen saßen dort ihre Haftstrafen ab oder endeten im Todestrakt, der *death row*. Einen erfolgreichen Fluchtversuch soll es nur ein einziges Mal gegeben haben. Schließlich wurde Alcatraz 1973 in einen Nationalpark verwandelt, den bis heute täglich Tausende von Touristen besuchen.

„You know what it is? San Francisco is a golden handcuff with the key thrown away."

JOHN STEINBECK, AMERIKANISCHER AUTOR

April
Home, sweet home

„Was willst du denn eigentlich? Alternative Wohngemeinschaft im *Mission*-Viertel oder schnieke Nachbarn im noblen *Russian Hill*?" Wenn ich das selbst nur wüsste. Im Schneidersitz sitzt Mari Carmen auf meinem ausklappbaren Bett und schaut mich fragend an. Auf ihrem Schoß liegt mein iPad, auf dem die Website von *Craigslist*, dem lokalen Online-Anzeigenmarkt mit Wohnungsangeboten und -gesuchen, geöffnet ist. „Was ist denn mit dem hier in Sausalito: Helles One-Bedroom-Apartment mit Hardwoodfloors und Blick auf die Bucht?" Sie tippt auf den Bildschirm und flippt durch ein paar angehängte Fotos. „Ist denn kein Hausboot verfügbar?", frage ich scherzend, immerhin ist Sausalito bekannt für seine große Anzahl an Hausbooten, die sich quirlig und bunt an die Uferstraße Bridgeway in Sausalito schmiegen.

Das Kreativgenie Shel Silverstein verbrachte die Sechziger- und Siebzigerjahre auf solch einem Nobel-Floß und schrieb Songs, Gedichte und Drehbücher. „Nein, aber hier habe ich ein sonniges, offenes Apartment; sogar mit Kamin und Garage." Nicht schlecht, denke ich mir. „2700 Dollar", erwähnt sie dann. Ich stutze. Sind die *Landlords*, also die Hausverwalter, denn verrückt geworden? „Are you kidding me?", frage ich. „Sorry, aber woher soll ich wissen, dass es nicht in deinem Budget liegt?", entschuldigt sich Mari Carmen schnell, nachdem sie den angespannten Blick in meinem Gesicht bemerkt hat.

Ob diese ganze Sucherei zu irgendetwas führt? Ich will doch nur ein kleines Zuhause, einen Rückzugsort in der neuen Heimat. Bis jetzt habe ich noch nichts Passendes gefunden, und langsam werde ich unruhig. Gereizt nehme ich Mari Carmen das iPad aus der Hand, um mein Preislimit einzutippen. Völlig egal, ob es ein eigenes Apartment oder eine Wohngemeinschaft wird. „Ich bin bereit, Kompromisse zu schließen", lasse ich entschlossen verlauten. Gespannt blicken wir auf die Ergebnisliste, die die Suchmaschine kurz darauf ausspuckt. „Haha, Zimmer in einer WG mit zehn Personen – Portrero Avenue und 23rd Street. Das ist nicht zentrumsnah und wahrscheinlich noch in einer Hippiekommune", sage ich. „Zehn *roommates* – das hört sich nach jeder Menge Spaß an", entgegnet Mari Carmen. „Die Preise sind doch hirnrissig!" – „Du wirst schon etwas finden – spätestens mit Sophia, denn die kennt sich aus", beruhigt Mari Carmen mich.

Sophia, eine Amerikanerin, hat unsere Wege vor einigen Wochen im Café *Two Sisters Bar & Books* im Stadtviertel *Hayes Valley* gekreuzt. Während Mari Carmen und ich gerade an unserem Café Latte nippten und ich auf meinem Notizblock eine To-Do-Liste vor mich hinkritzelte, telefonierte ein blondes Mädchen am Nebentisch. Immer wieder raufte sie sich ihr schulterlanges Haar und diskutierte lautstark mit ihrem Gesprächspartner. Plötzlich schaute sie sich hilfesuchend um: „Excuse me, honey! Kannst du mir vielleicht schnell einen Notizzettel leihen?" Das konnte ich. Als sie ihr Telefonat beendet hatte, bedankte sie sich überschwänglich und lud uns beide auf einen Kaffee ein. Sie erzählte uns, sie arbeite für die Presseabteilung des Internet-Videoportals *YouTube*, schreibe Presseartikel und spreche auf PR-Veranstaltungen. Wir erwähnten, dass wir bisher fast nur Bekanntschaften mit Europäern und Asiaten geschlossen hatten. „Das müssen wir ändern", sagte sie lachend. „You should join a night out with my girlfriends." Wir sagten zu und konnten es kaum erwarten, einmal mit „echten Amerikanerinnen" auszugehen. Nach einer wild durchzechten Partynacht kannten wir nicht nur all ihre *American Girls*, sondern auch alle Männerprobleme, die eine junge, weibliche San Franciscan haben kann. Vor ein paar Tagen hatte Sophia dann angeboten, mir bei der Wohnungssuche zu helfen und mir für den kommenden Samstag ein *Apartment Hunt*, also eine Apartmentsuche, verordnet. Weil sie bereits seit vielen Jahren in der Stadt lebte, hatte sie einige – wie sie sagte – *connections* und wollte mir helfen.

Ich sollte vielleicht erwähnen, wie positiv mich immer wieder die Unkompliziertheit überrascht, mit der man in San Francisco neue Freundschaften schließt. Womit ich keine oberflächlichen Bier-Verbrüderungen und Party-Kameradschaften meine. Nun gut, wir Deutschen pflegen ein etwas eigenwilliges Modell der Freundschaftsanbahnung. Nick hatte dazu einmal einen Vergleich gezogen, der leider der Wahrheit recht nahe kommt: Der Deutsche sei wie ein Igel, sagte er. Möglicherweise sei es des *krauts* innigster Wunsch, einen Freund zu finden, doch kann er dieses Bedürfnis einfach nicht zeigen. So geben sich Deutsche beim ersten Treffen in aller Regel betont distanziert. Lieber verteilen sie einen Stachel zu viel, als zu nett zu wirken. Erschwerend komme hinzu, dass der Deutsche das gefährliche Pingpong-Spiel zwischen „Du" und „Sie" spielen müsse, was jede Spontaneität erlahmen lasse und dazu führe, dass der Deutsche immer eine Nummer zu persönlich oder reserviert erscheine. Der Amerikaner hingegen gleiche einer Katze. Freudig schmiege er sich an jedermanns Bein und verbreite gute Stimmung. Weil es einfach schöner sei, in Gemeinschaft die Zeit totzuschlagen als alleine, zeige sich der Haus-Puma sozial, schnurre und passe sich der Gemeinschaft an. Doch von Natur aus sei er eher ein Einzelgänger auf dem Streben nach Glück und wolle Entscheidungen alleine und nicht im Rudel treffen.

Doch zurück zur Wohnungssuche – und der Hoffnung, dass sich Mari-Carmens Optimismus im Hinblick auf Sophias *connections* bestätigen würde. Am Samstagmorgen um neun klingelt es, und ich falle vor Schreck beinahe aus dem Bett. Verschlafen! Wie ein verkaterter Maulwurf hechte ich ins Bad, dann in das Chaos meines begehbaren Kleiderschranks (hier sind die sogenannten *walk-in-closets* gängig) und wieder in die Küche. In der Eile springe ich nur schnell in eine Jeans, einen leichten Fleece-Pullover und meine Lieblingsturnschuhe. Gestern Nacht hatte ich noch bis um eins mit Vijay in der *Hidden Vine Bar* gesessen, wo wir Namen für die Gesundheitsplattform gebrainstormt haben. Als wir nach einer Flasche Wein endlich einen gefunden hatten, zu dem auch noch eine Domain verfügbar war, tranken wir zwei weitere Gläser Rotwein: *Healthquestion* war geboren. Es hätte durchaus weniger Alkohol sein können, dröhnt mein Kopf ermahnend. Energiegeladen und topfit strahlt Sophia mir entgegen. Ich blinzele nur verschlafen aus der Tür. „You look great", muss ich zugeben. Sie umarmt mich. „Thanks, honey!"

„Have a coffee, sweetie!" Sie reicht mir einen weißen Pappbecher mit dem Emblem einer grünen Meerjungfrau. Starbucks! Auch in San Francisco sind fast alle dieser Café-Kette verfallen. „Ich war heute Morgen bereits neunzig Minuten beim Yoga – ich fühle mich wie neu geboren", flötet sie mir für diese Uhrzeit viel zu gut gelaunt entgegen. Dieser extreme Sportfanatismus ist natürlich auch wieder so eine typisch amerikanische Art, denke ich mir im typischen Morgengroll. Die Unterschiede zwischen den Menschen sind oft viel deutlicher als in Deutschland: Entweder ist man sehr sportlich oder ein konditionsloser Pudding. Vertreter des Mittelmaßes sind hier rar gesät. Sophia gehört eindeutig zur ersten Kategorie, was für den Großteil der Bewohner San Franciscos gilt. Die San Franciscans radeln die Golden Gate Bridge entlang, joggen über die Hügel der Stadt, klettern in der *Mission*, fahren am Lake Tahoe Ski, pumpen in den vielzähligen Fitnessclubs und surfen die Wellen am Ocean Beach!

Der Sportwahn des Kaliforniers geht sogar so weit, dass im Sonnenstaat nicht nur die Menschen, sondern neuerdings auch die Hunde surfen – und zwar beim jährlichen *Surf Dog Surf*-Wettbewerb. Dabei werden die Vierbeiner je nach Größe, Gewicht und Boardlänge in verschiedene Klassen eingeteilt und steigen auf die Bretter, die die Hundewelt bedeuten. Das Ganze ist nicht nur ziemlich amüsant (zumindest für die zweibeinigen Zuschauer), sondern hat auch einen sozialen Hintergedanken. Die Einnahmen der Weltmeisterschaft werden an einen gemeinnützigen Verein gespendet, der vierbeinigen Waisen hilft.

Sophias Yoga-Workouts zeigen auf jeden Fall Erfolg; kein Gramm Fett ziert ihre Hüften. Hart wie Kruppstahl sind ihre Bauchmuskeln. „Du alte Sportgranate. Dann bist du ja gewappnet für den heutigen Tag." Ich schnappe mir die Liste mit den Adressen von der Kommode und ziehe die Tür hinter mir zu. „Ach, das wird schon lustig werden. Ich werde dir auch ein bisschen was von der Stadt zeigen", sagt sie aufmunternd.

Ob das mit dem *Apartment Hunt* witzig wird, bezweifle ich allerdings, die Wohnungssuche in San Francisco ähnelt eher einem Bewerbungsmarathon, bei dem es auf eine gute Vorbereitung ankommt. Zentral gelegene Apartments sind beliebt und entsprechend teuer. Auch die Nähe zu den Elite-Universitäten in Stanford und Berkeley oder zur Technologiehochburg Silicon Valley hat ihren Preis. Zudem herrscht in der Stadt fortwährend ein Kommen und Gehen; Wohnungen werden immer nachgefragt. San Francisco gleicht fast schon einem bunten Bienenschwarm mit 365 Tagen Hochsaison im Jahr.

„Die meisten können es sich hier nicht leisten, eine Wohnung zu kaufen. Daher wohnen zwei Drittel der Bay-Bewohner zur Miete, viele davon in Wohngemeinschaften", erklärt Sophia, während wir kurz darauf die California Street, die übrigens auch ein IKEA-Poster ziert, erklimmen, um zu unserem ersten Besichtigungstermin zu kommen. „In eine beliebte Wohngemeinschaft einziehen zu können ist gar nicht so einfach, die Vermieter suchen sich ihre Untermieter in einer Art Bewerbungsinterview gezielt aus. Da kann man schon mal schnell zwanzig Mitbewerber haben", sagt Sophia. „Aber heute finden wir ganz sicher etwas." Zumindest sie glaubt daran. „Diesen Yoga-Guru, der dich mit solch einer positiver Grundeinstellung versorgt, möchte ich auch einmal treffen", scherze ich. Aber sie wird schon wissen, wovon sie spricht, denn schließlich bewohnt Sophia eine schicke Bude in *North Beach*, dem Kleinitalien von San Francisco. Das Einzige, was etwas stört: Ihr Apartment liegt unweit des Knoblauch-Restaurants namens *Stinking Rose*, und ab und zu hängt in ihrer Wohnung ein leichter Duft der Lauchpflanze. Nicht ohne Grund wirbt das Restaurant mit dem Slogan: „Wir würzen unseren Knoblauch mit Essen."

Den ganzen Vormittag verbringen wir bei Besichtigungen in den Stadtteilen *Russian Hill, Nob Hill, Hayes Valley* und *Pacific Heights*. Irgendein Haken ist immer dabei: zu klein, zu teuer, die Mitbewohner zu alt oder zu jung oder vice versa. „Der Himmel auf Erden hat eben seinen Preis", sagt Sophia und versucht mich aufzumuntern, als wir nach einem bisher wenig erfolgreichen Morgen vor einem *Foodtruck* in *Hayes Valley* auf der Linden Street in der Mittagssonne sitzen und etwas essen. „Schau mal, ich hab hier was für dich", sagt sie und hält mir schmunzelnd ihr iPhone mit einer Liste hin:

Wenn alle der unten genannten Punkte zutreffen, weißt du, dass du in San Francisco angekommen bist:

Du verdienst über 300 000 Dollar im Jahr und kannst dir immer noch kein Haus leisten.

Der Terminator ist dein Gouverneur.

Du hast vergessen, ob Marihuana illegal ist oder nicht.

Ein richtig guter Parkplatz lässt dich in Tränen ausbrechen.

Sobald ein Truck am Haus vorbeifährt, springst du unter den Tisch.

Deine Kinder tragen Birkenstock-Sandalen, und dein Hund geht zum Psychiater.

Du sagst dauernd Worte wie „like" und „for sure" und „right on" und „dude" und „totally" und „peace out" und „chill" und „bro" und „hell of".

Du gehst an einem Spielplatz vorbei, und alle Kinder schreiben SMS oder twittern. Der Lehrer hat lilafarbene Haare, einen Nasenring, heißt „Flower" und raucht einen Joint.

Du kriegst rund um die Uhr frisches mexikanisches Essen.

Wenn du illegal Auto fährst, wird dir dein Führerschein weggenommen. Wanderst du jedoch illegal ein, erhältst du sogar einen Führerschein.

Aus welchen Ländern deine Nachbarn kommen ist dir egal, denn du bist viel zu sehr damit beschäftigt herauszufinden, welchem Geschlecht sie angehören.

Du willst hier nicht sterben.

Ich verziehe keine Miene. „Nicht lustig?", fragt sie. Wenn ich schlecht gelaunt bin, kann ich es auch so schnell nicht abstellen. Da helfen Sophias Checklisten nun auch nicht. „Doch doch, aber wieso sollte ich hier nicht sterben dürfen?", frage ich miesepetrig. „Weil in San Francisco niemand begraben werden darf." – „Wieso das denn? Und wohin dann mit den Leichen?" – „Weil San Francisco von fast allen Seiten vom Meer umschlossen ist, kann die Stadt nicht einfach erweitert werden. Viele der Menschen, die mit dem Goldrausch in die Stadt kamen, blieben bis zu ihrem Ende. Da man so viele Gebeine jedoch gar nicht unterbringen konnte, wurden die Toten kurzerhand außerhalb der Stadt begraben." Ich stelle mir vor, wie vor der Stadt ein Friedhof neben dem nächsten liegt – ein gruseliges Bild. „Es kam sogar noch härter", erzählt sie. „Friedhöfe, die bereits vor dem Totenverbot errichtet worden waren, mussten geräumt werden. Doch bei all den Umbuddelaktionen wusste am Ende keiner mehr, wo die menschlichen Knochenüberreste überhaupt waren. Daher wurden die Grabsteine kurzerhand als Stützpfeiler für die Kanalisation der Stadt recycelt." – „Das ist ja schlimm." Da kann ich nur hoffen, dass ich meine letzte Ruhestätte nicht vor den Toren der Stadt haben werde.

Der nächste Besichtigungstermin steht am Nachmittag in *North Beach* – Heimat italienischer Immigranten, Künstler und Freidenkender – an. Wir schlendern vorbei an urigen Gelaterias und Pizzerien. In den Espresso-Bars lesen alte Herren mit weißen Bärten italienische Tageszeitungen, Touristen nippen an ihrem Cappuccino. „Wenn ich nach *North Beach* zöge, würden wir ganz nah beieinander wohnen", freue ich mich. „Ja, das wäre cool. Außerdem könnten wir immer zusammen essen und feiern gehen." Sophia steckt ihre Nase in die Tür eines Restaurants, aus dem uns der Duft frisch gebackener Pizzen entgegenweht. Nicht nur das

Nachtleben hätten wir direkt vor der Tür, auch das Rotlicht-milieu liegt gleich um die Ecke. Ein Überbleibsel aus den Goldgräberzeiten, als San Francisco noch die gefährlichste und korrupteste Stadt der USA war: viel Alkohol, käuflicher Sex und Einwanderer aus aller Welt. Die Stadtteile rund um das heutige *Financial District, Chinatown* und *North Beach* wurden mit der afrikanischen Piratenküste verglichen und als *Barbary Coast* bezeichnet.

Die Wohnung, die wir uns anschauen wollen, liegt un-mittelbar am Broadway. Doch als wir unser Ziel erreicht haben, blickt Sophia sich skeptisch um. „Ich bin mir nicht sicher, ob du hier wirklich wohnen willst." Ich weiß die Ant-wort schon: „Nein!" Die Wohnung befindet sich im Nachbar-haus des legendären Stripclubs *Condor.* Sophia bringt nur ein amüsiertes „OMG" hervor, was übersetzt so viel bedeutet wie „O mein Gott" oder „Ach, du Heilige". „Es tut mir leid, das wusste ich auch nicht. Dafür bist du am Broadway mit-ten drin im Geschehen", entschuldigt sie sich. Es ist ja schön, dass das *Condor* der erste Club war, der vor circa fünfzig Jah-ren die sexuellen Tabus gebrochen hat und *topless Dancing* in sein Programm aufnahm, aber direkt daneben wohnen muss ich nun wirklich nicht.

„Ich brauche einen Drink, Sophia. Können wir nicht ir-gendwo eine Pause machen?" – „Klar. Das *Vesuvio* ist ganz nah. Lass uns dort hingehen." Die berühmte Bar ist noch ganz im Style der Fünfzigerjahre gehalten, und die britische Zeitschrift „The Guardian" hatte das *Vesuvio* vor einiger Zeit sogar zu einer der zehn besten Bars weltweit gekürt. Die Fenster, zusammengesetzt aus kleinen bunten Glasschei-benstücken, erinnern mich an Glasmosaike einer Kirche. Wir nippen an unserem rauchigen Anchor-Steam-Bier (das übrigens immer eine gute Alternative zum wässrig leich-ten Bud Light ist) und lassen dabei das *Condor*-Wohnungs-erlebnis Revue passieren. „Schau mal, das sind die *Beatniks*", sagt Sophia dann und zeigt auf einige Fotos, die Dichter, Schriftsteller und Lebenskünstler aus dieser Zeit abbilden. Hätte ich nicht durch Zufall vor kurzem einen Film zu den *Beatniks* gesehen, hätte ich wohl nicht gewusst, wovon sie spricht: *North Beach* machte sich in den Fünfziger- und Sechzigerjahren durch seine hohe Dichte an Schriftstellern, Poeten und kritischen Denkern einen Namen. Die damaligen Skandalhelden, die Beat-Schriftsteller William S. Burroughs, Jack Kerouac und Allen Ginsberg, schrieben Romane und Gedichte, die teilweise hemmungslos mit den damaligen Tabus brachen. Marihuana, Drogen- und Sexexzesse – die *Beatniks* waren gegen die Prüderie in Amerika, und gerade deswegen wurden sie ebenso geliebt wie gehasst und prägten ein komplett neues Lebensgefühl: den Beat. Sie trafen sich in den kleinen Cafés und Bars entlang der Green und Union Street und diskutierten dort über ihre neuesten literarischen Werke. Ein paar dieser Lokalitäten, wie beispielsweise der *Saloon*, die älteste Blues-Bar der Stadt, oder das *Caffe Trieste* blieben bis heute unverändert und besitzen immer noch die Einrichtung und den Charme längst vergangener Zeiten.

Ich muss auch an Dylan Thomas denken, den Schriftsteller und Dichter, der im *Vesuvio* das Sonderrecht hatte, seiner zweiten Leidenschaft, dem Alkohol, zu frönen und dort volltrunken die Nächte zu verbringen.

Nachdem wir uns von den Strapazen des Morgens erholt haben, stehen zwei weitere Besichtigungstermine an. Doch für alle gilt das Gleiche: Es passt so wenig, dass ich über meine Kompromisswilligkeit gar nicht erst nachdenken möchte. Gegen Nachmittag brechen wir zum *Telegraph Hill* auf, ein letzter Termin steht uns noch bevor. Ich bin frustriert, versuche aber mir vor Sophia nichts anmerken zu lassen. Als wir am Washington Square vorbeikommen, umgeben von eindrucksvollen viktorianischen Bürgerhäusern, seufze ich: „Hier würde ich auch gerne wohnen." – „In den *Earthquake Cottages*?", fragt Sophia und zeigt auf ein paar flache und einfache Holzbauten, die zwischen den *Victorians* stehen und nicht so richtig ins Bild passen. Ich schüttle den Kopf und zeige auf die stattlichen *Victorians*, doch Sophia fährt trotzdem fort. Sie erzählt mir, dass die sogenannten *Earthquake Cottages* nach dem großen Erdbeben usprünglich als Übergangswohnungen gebaut wurden, um den Bewohnern der Stadt Unterschlupf zu gewähren. Später konnten die Notbauten teilweise für weniger als hundert Dollar von der Flüchtlingsorganisation erworben werden. Ich humpele ächzend hinter ihr her. Eine Blase am linken Fuß, mit der ich seit einigen Tagen gesegnet bin, pocht mittlerweile in meinem Schuh vor sich hin, und der steile Aufstieg macht diese Tatsache nicht unbedingt besser.

Das Viertel *Telegraph Hill* überschaut von oben das quirlig-bunte *Little Italy*. „Meine Tante Emmy hat hier lange gelebt. Es ist ein bisschen ruhiger, du findest weniger Bars und Restaurants, dafür aber mehr Natur und wunderbare Ausblicke auf die Bucht", sagt Sophia. „Bevor der Telegraphenmast kam, hieß der Berg Ziegenberg. Doch mit dem ersten Masten im Jahr 1950 wurde der Stadtteil in *Telegraph Hill* umbenannt." Obwohl das Viertel zu den teuersten der Stadt gehört, machen die Häuser alle einen recht beschaulichen, fast niedlichen Eindruck; keine pompösen Bauten, keine eindrucksvollen Säuleneingänge wie beispielsweise im Stadtteil *Pacific Heights*, denn hier gibt es eine Regel, dass die Häuser maximal 40 Fuß, also 12,5 Meter, hoch sein dürfen.

Wir staunen nicht schlecht, als wir wenig später endlich vor der Haustür der angegebenen Adresse auf der Lombard Street stehen. „Sweetie, have a look! Amazing, huh? I love it", quiekt Sophia. Obwohl sie bereits so viele Jahre in der Stadt wohnt, kann sie immer noch eine extrem beeindruckende

Begeisterung für die Panoramaausblicke der Stadt aufbringen. In diesem Fall auf die Golden Gate Bridge, die weltberühmte Brücke, die seit 1937 ihren Bogen über die Meeresenge namens *Golden Gate*, also die Meerenge zwischen Marin County und der San-Francisco-Halbinsel, spannt. Sie wurde übrigens mit der Farbe *international orange* angestrichen, weil sie damit selbst bei Nebel sichtbar ist. Obwohl uns mehr als zweieinhalb Kilometer von ihr trennen, ist die Aussicht heute so klar, dass wir die Autos auf der Brücke erkennen können, die siebzig Meter über dem Wasser auf sechs Spuren fahren. Unter der Brücke schaukeln kleine weiße Segelboote im Wind. Und auch wenn ich mein Entzücken nicht so zeige wie Sophia, fühle ich mich doch immer wieder wie elektrisiert, wenn ich vor mir eines der sieben Weltwunder der Moderne erblicke.

„Durch den Gezeitenwechsel werden viermal täglich reißende Wassermengen durch die Meerenge gepresst, die einen Brückenbau lange unmöglich machten", erklärt Sophia und zeigt auf die Bucht. Joseph B. Strauss schaffte jedoch das Undenkbare: Nachdem der Ingenieur jahrelang für die Bewilligung seines Brückenbaus kämpfen musste, durfte er 1933 endlich mit den Bauarbeiten beginnen. Nach vier Jahren war er fertig. „Doch San Francisco hat es mal wieder geschafft. Voilà!" Stolz strahlt mich Sophia an.

„Stimmt es, dass man mit den einzelnen Stahlkabeln die Welt dreimal umspannen könnte?" – „Ja, die Kabel hätten aneinander gelegt eine Länge von knapp 130 000 Kilometern. Mein Exfreund war Ingenieur und hat mir davon erzählt." Sie setzt eine vielversprechende Miene auf. „Aber der ist schon wieder out, und die Brücke hat leider auch ihre Schattenseiten, denn sie ist der weltweit populärste Ort für Selbstmorde." Sie zeigt an den unteren Rand des Baus: „Nun gibt es Überlegungen, ein Netz anzufertigen, das diejenigen, die die Flucht aus ihren irdischen Problemen suchen, auffangen soll. Aber das würde zwischen vierzig und fünfzig Millionen Dollar kosten. Ziemlich teuer! Na ja, derzeit ist die Brücke zumindest nachts für Fußgänger gesperrt."

„There we go", sagt Sophia wenig später und drückt die Klingel mit der Aufschrift „Smith" des weiß gestrichenen Mehrfamilienhauses am Felsvorsprung des *Telegraph Hill*. „Die Wohnung soll super sein. Nur Charles ist ein bisschen gewöhnungsbedürftig", bereitet mich Sophia vor. Was das nun wieder heißen soll? „Ach, du wirst ihn mögen. Er ist cool", ergänzt sie schnell. Sie klingelt ein zweites Mal. Im Hausinneren tut sich nichts. Weder auf Sophias Anrufe auf seinem Mobiltelefon noch auf unser ungeduldiges Klingeln reagiert Charles. „Eigentlich ist er zuverlässig – keine Ahnung, was los ist." Nach zehn Minuten entschließen wir uns zu gehen. „Es hat doch keinen Sinn", sage ich und kann die Ernüchterung in meiner Stimme nicht verbergen. Sophia legt den Arm um mich. „Der meldet sich sicherlich gleich."

Als wir die Lombard Street gerade wieder heruntergehen, kommt auf einmal ein schwarzer, tiefer gelegter Mini mit quietschenden Reifen und verspiegelten Scheiben auf uns zugerast. „What a SCUM", entfährt es mir, was so viel heißt wie „Was für ein Angeber!" und was die Amerikaner mit SCUM (self-centered urban man) abkürzen. Doch in diesem Moment kommt der Fahrer neben uns zum Stehen und kurbelt das Beifahrerfenster herunter. „Sorry, es tut mir leid, Mädels", sagt er und nimmt die Sonnenbrille von der Nase. Dann streckt er seine Hand aus dem Auto, um uns zu begrüßen. Lass diesen Typen jetzt bitte nicht Charles sein, bete ich. „Ich bin Charles. Hanni? Nice to meet you." Charles trägt einen edlen Nadelstreifenanzug und sieht abgehetzt aus. Das Jackett hat er achtlos neben einen Weinkarton auf den Beifahrersitz geworfen. Sein Haar ist an den Schläfen graumeliert. Ich schätze ihn auf Mitte dreißig. Er schüttelt Sophia und mir kräftig die Hand und entschuldigt sich überschwänglich für die Verspätung. Bevor er weiterspricht, schaut er uns verlegen an. „Ich würde euch super gerne die Wohnung zeigen – allerdings gibt es ein Problem. Ich hab mich selbst aus meiner Bude ausgesperrt. Ich habe vorhin die Wohnung so eilig verlassen und den Schlüssel drinnen vergessen. Der Schlüsseldienst braucht noch mindestens zwei Stunden." Er fährt sich mit der Hand durch die Haare und überlegt. „Aber ich kann euch gerne vom Dach aus den Grundriss der Wohnung zeigen, denn oben kommen wir auch ohne Schlüssel hin. Dazu gibt's dann einen guten Rotwein als Entschädigung. Später zeige ich euch die Wohnung. Deal?" Hochstapler, denke ich mir. Doch Sophia schaut mich eindringlich an. „Charles, that sounds great", antwortet sie freudestrahlend.

Sophia hatte mir zuvor erzählt, dass er Weinhändler und Sommelier ist. So kommen wir in den Genuss eines Qualitätsweins aus dem Jahre 1998, den Charles auf dem Dach seines Hauses extra für uns entkorkt. Dabei können wir die gesamte Bucht überschauen, und neben uns ragt der grauweiße Aussichtsturm, der Coit Tower, in die Höhe, der auf der Spitze des *Telegraph Hill* prangt wie die Zigarillo-Waffel in einer Kugel Eis. Das Säulenmonument wurde zu Ehren der Brandwache von San Francisco von Lillie Hitchcock Coit spendiert. Die junge Dame, die bereits mit fünfzehn Jahren der freiwilligen Feuerwehr beitrat, war in der Stadt als besonders mutig und tapfer bekannt. „Ich habe den Platz dort oben in guter Erinnerung. Ich war schon einmal hier, um mit Nick den Sonnenuntergang zu genießen", erzähle ich Sophia, als Charles gerade zu seinem Auto rennt, um eine zweite Flasche Wein aufzutreiben. Doch Sophia ist ganz hingerissen von Charles. „He is adorable, don't you think?" – „Ich glaube eher, dass er uns abfüllen will. Aber mir die Wohnung schön zu trinken ist vielleicht gar keine schlechte Idee", entgegne ich etwas herablassend und versuche, unbeeindruckt zu klingen. Wer weiß, was bei dieser Wohnungsbesichtigung noch alles schiefgehen wird.

Leicht beschwipst gehen wir nach der Open-Air-Weinprobe zurück nach *North Beach*, während Charles sein Schlüsselproblem löst. Bis er sich wieder meldet, vergehen fast zwei Stunden. Es ist bereits dunkel, als wir den *Telegraph Hill* wieder hinaufschleichen. Wir klingeln, und Sekunden später öffnet Charles uns die Türe. „Folgt mir in den vierten Stock, Ladies." Angekommen im Apartment 402, traue ich meinen Augen kaum. „Ich hoffe, dass dich all die Kartons nicht stören. Das bringt der Job mit sich." Ich bin komplett erschlagen. Auch Sophia bewegt sich nur mit offenem Mund und weit aufgerissenen Augen langsam hinter Charles her, der uns durch die Wohnung führt. Ich habe eine Sechs mit Superzahl getippt und den Hauptgewinn gezogen. Das Zimmer bietet einen Panoramablick über die gesamte Bucht von San Francisco. Ich kann die hell erleuchteten Restaurants und Shops am Pier 39 sehen und die Golden Gate Bridge im abendlichen Nebel erahnen. Charles öffnet das Fenster: Wir hören, wie die Seerobben an der Fisherman's Wharf mit ihren Kumpanen um die Wette röhren. Im Hintergrund das Kreischen von einigen Möwen, die entlang des Coit Towers fliegen. „Du kannst sofort einziehen", sagt Charles. Ob es mich stören würde, wenn er gelegentlich Weinproben in der Wohnung veranstalte, fragt er noch. Och, nö – da habe ich gar nichts gegen einzuwenden. Und das Beste: Das Zimmer kann ich sogar bezahlen, und es gibt kein nerviges Interview, denn Charles ist als Weinhändler viel unterwegs und sucht schnellstmöglich einen neuen Untermieter. „Sophia ist meine Freundin – ich freue mich, wenn du hier einziehst, Hanni."

Ich kann es kaum fassen. Jetzt steht dem San-Francisco-WG-Leben nichts mehr im Wege. Am liebsten würde ich

Nick sofort anrufen und ihm von meiner neuen Wohnung erzählen. Aber ich halte mich zurück, denn schließlich sehen wir uns bald schon wieder und ein bisschen beschleicht mich das Gefühl, dass es ihn sowieso nicht sonderlich interessieren würde.

Streifzug:
Fühlen Sie sich heimisch!

San Francisco ist eine Stadt der *neighborhoods* – jedes Viertel ist anders und erzählt seine eigene Geschichte. Viele Besucher, die lediglich zum Urlaub kommen, steigen in einem der Hotels unweit des Union Square ab. Dort sind Sie mittendrin im Geschehen. Prüfen Sie jedoch, dass Sie nicht zentral im *Tenderloin*, dem Armenviertel, landen, das von den Straßen Geary, Mc Allister, Van Ness und Mason Street begrenzt wird. Sie ziehen samt Haus und Hof in die Stadt? Grundsätzlich kostet alles, was *view* hat, sofort einige hundert Dollar mehr im Monat; dazu zählt der beliebte *Golden Gate view, city view* oder *bay view*. Diese Ausblicke genießen Sie am ehesten in den noblen Vierteln *Nob Hill, Russian Hill, Telegraph Hill, Pacific Heights, Cow Hollow, Marina* oder *Presidio Heights*. Wenn Sie lieber das alternative San-Francisco-Feeling genießen wollen, könnten *Haight-Ashbury, NoPa (North of Panhandle), North Beach* oder *Mission* etwas für Sie sein. Kommen Sie mit Kindern nach San Francisco? *Richmond* und *Sunset* bieten viele Spielplätze, Schulen und günstigere Wohnlagen als *Downtown*. Sie arbeiten im Silicon Valley und wollen nicht so viel Zeit mit pendeln verbringen? Ziehen Sie nah an die Zugstation (*Caltrain*) in *SoMa*, in die Stadtteile *Mission, Noe Valley* oder *Castro*. Ganz nah bei den Sternchen der Stadt wohnen? In *Seacliff* am wunderschönen Camino del Mar oder am Chinabeach werden Sie möglicherweise fündig. Wollen Sie in asiatisches Flair eintauchen, dann ab nach *Chinatown, Sunset, Japantown* oder *Little Saigon*.

„San Francisco has only one drawback. 'Tis hard to leave."
RUDYARD KIPLING, ENGLISCHER SCHRIFTSTELLER

Mai
Dress to impress

„Hast du schon einmal 75 000 Menschen gesehen, die zusammen rennen, feiern und tanzen? Hier flippt echt die komplette Stadt aus." Nick schwärmt mir vor vom *Bay to Breakers*. Ich hingegen schwärme innerlich von Nick. „Da müssen wir mitlaufen. Stell dir mal vor: ein Tag voller bunter Kostüme. Manche tragen nur einen Hauch von nichts, völlig crazy. Es ist jeden dritten Sonntag im Mai das Beste, was du machen kannst. Das wird der Lauf deines Lebens." Er hält kurz inne und wartet auf mein Go. Und ich überlege krampfhaft, wie ich aus dieser Nummer wieder herauskommen kann. „Für diesen Lauf kommen die schrillsten Typen aus ganz San Francisco zusammen. Alles ist erlaubt. Und alle, die normal sind, sind für diesen einen Tag verrückt."

Wir verbringen unsere Mittagspause gemeinsam an der Bay, essen ein Avocado-Sandwich vom Mexikaner und schauen aufs Wasser. Ein frischer Wind weht, auf eine ordentliche Brise ist hier am Pazifik immer Verlass. Das intensive, alles durchflutende Licht Kaliforniens kitzelt das Wasser der Bucht, und der Wind zerstäubt die kleinen Wellen, die in der Sonne glitzern und funkeln. Hier Mittag zu essen ist wie ein entspannender Kurzurlaub. Und dabei neben Nick zu sitzen macht alles noch viel besser. „Komm, sag schon, zwölf Kilometer rennst du doch sicherlich locker." Nick grinst mich an und knufft mir mit dem Ellenbogen leicht in die Seite. „Das hört sich auf jeden Fall nach San

Francisco pur und jeder Menge verrückter Gestalten an. Das Ding laufen wir." Ich habe zugesagt – um Himmels willen.

Ich hatte schon von dem seit über hundert Jahren stattfindenden Volkslauf gehört, bevor ich nach San Francisco gekommen war. Bereits die Vorstellung, den Lauf gemeinsam mit Nick zu machen, treibt mir den Angstschweiß in den Nacken. Immerhin, ich muss nicht alleine mit ihm antreten, ein paar meiner Kollegen und Freunde wollen sich auch anschließen. Beim *Bay to Breakers* gibt es zwei Gruppen von Läufern: sportliches Laufen oder taumelnder Spaziergang. Wählt man die zweite Option, schafft man möglicherweise nur die Vier-Kilometer-Grenze und wird schließlich total kaputt und angetrunken in die offene Tür einer Hausparty auf der Hayes Street fallen, die sich an diesem Tag in eine einzige Partymeile verwandelt. Hausbewohner öffnen völlig fremden Menschen ihre Türen, und manchmal strömen Hunderte von Läufern in ein einziges Gebäude, weil das Gerücht herumgeht, dass genau dort eine gute Party steigt. „Es ist ganz egal, ob du unter den ersten zehn bist oder als Nummer 18 544 ins Ziel kommst. It's just for fun. In der Jogging-Kategorie laufen jedes Jahr so um die 30 000 Menschen – da wird bestimmt einer langsamer sein als du", versuchte Nick, mich aufzumuntern. Möglicherweise trägt der Gedanke an den Ursprung des Volkslaufs zur Teilnahmemotivation bei. Der *Bay to Breakers* wurde nach dem großen Erdbeben von 1906 von der Stadtverwaltung ins Leben gerufen. Viele Bewohner haben nach dem Beben und den dadurch ausgelösten Bränden fast alles verloren und der Lauf sollte sie wieder auf andere Gedanken bringen. Das Konzept schien aufzugehen.

In Vorbereitung auf den großen Tag planen wir für die folgenden Wochen Lauftreffs. Eine Blamage vor Nick würde mich im Boden versinken lassen. Irgendwann hatte ich ihm wohl in einem Zustand geistiger Umnachtung erzählt, dass ich schon einige Marathons gelaufen bin, ein läppischer, klitzekleiner Viertelmarathon sei ein Klacks für mich. Nun, als so einfach erweisen sich unsere Laufvorbereitungen allerdings nicht. Einer nach dem anderen wird von der Sprinterrealität San Franciscos eingeholt. Einigen von uns wird beim Joggen im hügeligen San Francisco zum ersten Mal klar, wie verdammt vertikal die Stadt angelegt ist. Da hilft auch nicht der Gedanke daran, dass San Francisco bereits als eine der besten Jogging- und Laufstädte der USA ausgezeichnet wurde. Als Vorbereitungsstrecken bieten sich die folgenden an: Am *Embarcadero* kann man vom Ferrybuilding bis zur Fisherman's Wharf circa drei Kilometer ohne Anstieg joggen. Die mit Palmen bepflanzte Promenade bietet einen schönen Ausblick auf die Bucht und liegt selbst in den Abendstunden zumeist in der Sonne. Auch die Golden Gate Promenade ist eine gute Vorbereitung: Der circa fünfeinhalb Kilometer lange Pfad bei Crissy Field ist bei Joggern und Radlern gleichermaßen beliebt. Wer niemanden zum Laufen hat, kann sich sogenannten Lauftreffs oder *Running Clubs* anschließen. Der *Dolphin South End Runners* nimmt Läufer jeden Levels auf und findet jeden Sonntagmorgen um neun Uhr statt. *San Francisco Front Runners* ist für die LGBT-Szene (Lesbian, Gay, Bisexual, Transgender) bestimmt, gelaufen wird dienstagabends und samstagmorgens.

Schließlich naht der große Tag: Schon morgens um halb sieben treffen wir uns zur gemeinsamen Verkleidungsaktion in Vijays Apartment in *SoMa*. Alle sind aufgeregt. „Wir müssen uns beeilen – hurry up, guys!" Unsere Kostüme können sich sehen lassen – außer meinem. Da ich mir erst am Vorabend Gedanken dazu gemacht habe, bleibt mir nur die Variante „Eigenbau", und ich entscheide mich kurzerhand, Baum zu werden. Ein paar Äste lassen sich schließlich überall auftreiben. „Du wirst großartig aussehen. Das kriegen wir schon hin. No hay problema", beschwichtigt mich Mari Carmen und hilft mir dabei, die Äste, die ich heute morgen auf dem Weg noch gepflückt habe, möglichst tief in die feine braune Nylonstrumpfhose einzuweben. „Que bonita – wie schön." Mari Carmen schaut auf meine grün bepflanzten Beine. In diesem Moment suchen sich bereits die ersten Laufmaschen ihren Weg meine Waden entlang. Na großartig! Meine Gesichtsbemalung fehlt auch noch, und es bleiben nur noch wenige Minuten. Schnell malt Vijay mir das Gesicht schlichtweg grün. Mit einem Kajalstift deutet er rund um Nase und Wangen astähnliche Gebilde an, und bei einem Blick in den Spiegel muss ich feststellen, dass meine Kriegsbemalung so aussieht, als hätte ich mich soeben übergeben.

„Hmm, very green", stellt Vijay schmunzelnd fest. Was Nick wohl von mir denken muss? Im Spiegel sehe ich ihn seine Ritterrüstung zurechtrücken. Gut sieht er aus – der eiserne Ritter. Ich frage mich lediglich, wie er in diesem Panzer laufen kann. Sophia zieht ihre rot-schwarzen Flügel stramm und bepudert ihr üppiges Dekolleté mit rotem Glitzerstaub – sie geht als Marienkäfer. Rose, ebenfalls Insekt, hat sich in einen Schmetterling verwandelt und ist in ein fliederfarbenes Tüll-Kleid gehüllt. Sophia hilft ihr dabei, das Kostüm für das anstehende Rennen zu präparieren. Da Rose im Vergleich zu Sophia nur wenig Busen hat, muss Roses tiefer Ausschnitt mit einigen Blumenblüten ausgefüllt werden. Vijay kichert hinter vorgehaltener Hand, und ich brate ihm unauffällig eins über. Mari Carmen hat den Hawaii-Look gewählt. „Wie sollen die halben Kokosnüsse auf deiner Brust während des Laufs bitte halten?" Nick malt sich aus, was passiert, wenn Mari Carmen ihre Nüsse verliert. Nathan, ein Freund von Vijay, und Vijay selbst wollen als Mogli und Balu aus dem Dschungelbuch auftreten. Vijays Mogli-Kostüm hätte beim Jugendschutz keine Chance. Das kleine rote Höschen in leichter Glanzoptik aus eng anliegendem Samtstoff ist neben ein paar künstlichen Lianen-pflanzen, die er um den Hals trägt, sein einziges Kleidungs-stück. Aufgrund der schlechten Stoffqualität hat sein dem Minimalismus huldigender Lendenschutz auch noch eine sehr transparente Farbe. „I need a light costume, friends. I sweat soo much", rechtfertigt Vijay mit seinem indischen Englisch das Höschen.

Wenig später machen uns mit unseren mehr oder we-niger gelungenen Kostümen auf den Weg in das *Financial District* – möge der große Lauf beginnen! Wenn wir es wirk-lich von der Bay bis zu den Breakers schaffen, also von der Bucht bis zu den Wellenbrechern, dann hätten wir alle un-seren Laufrekord gebrochen. Uns steht der Lauf unseres Lebens bevor. Vijay ist schon so aufgeregt, dass er in seinem knappen roten Schlüpfer ganz unruhig wird und wild auf der Stelle trippelt, und die bunten Plastik-Lianen flattern um seinen Hals.

Die Straßen sind erfüllt von Lachen und Rufen, ge-spannte Erwartung liegt in der Luft. An den Straßenecken schallen Technobeats, Rockklassiker und bekannte House-Songs aus Boxen und vermengen sich zu einem quirligen Musikmix. Wir drängeln uns durch die Menschenmassen, um näher an die Startlinie an der Straßenecke Howard Street und Beale Street zu kommen. Plötzlich treffen uns helle run-de Teigfladen an Kopf und Körper und direkt vor uns lan-den pfannkuchengroße, Frisbee-ähnliche Stücke auf dem Asphalt. Anstatt mit Konfetti werfen die *Bay-to-Breakers*-Ver-rückten lieber mit Tortillas. Immerhin haben sie die Eigen-schaft, dass sie äußerst angenehm von oben auf den Körper oder Kopf klatschen, insbesondere auf nackte Körperteile, wovon es heute sowieso genug gibt. Angeblich soll es sogar eine Gruppe von Nacktläufern geben, die *Bare to Breakers*. Ein kleiner Junge neben uns hält in seinem Kinderwagen ei-nen ganzen Vorratspack von Tortillas mit beiden Händchen fest umklammert. Da seine Wurffähigkeiten noch ausbau-fähig sind, klatscht er seinen Mitmenschen die Tortillas an den Körper. Die Eltern, beide als Bratwürstchen verkleidet, lachen und jubeln ihrem Sohnemann zu. Toll! Vijay verzieht das Gesicht, als die Tortillas auf seinem zarten Moglirücken aufprallen. „Die Wursteltern sollen mal auf Mr. Sohn auf-passen! Unbelievable."

Doch schnell bietet sich Trost. Eine Horde junger Mäd-chen, verkleidet als Kartenspiel, sucht sich kreischend den Weg durch die Menge. Außer Pappkarten, die auf Brust und Rücken geklebt sind, haben sie Mädels nicht viel an. Der Tortilla-Schmerz ist fürs Erste vergessen, Vijay bestaunt an-dächtig die langen Beine, die aus den Pappkarten heraus-ragen. „Nice chicks." Währenddessen steigt uns immer wie-der ein leichter Marihuanageruch in die Nase, der ganz aus der Nähe zu kommen scheint. Kein Wunder, denn direkt neben uns steht eine Gruppe von verkleideten Bräuten und Bräutigamen, die gerade damit beschäftigt sind, einen wei-ßen Glimmstängel durch ihre Hochzeitsgesellschaft zu rei-chen. Auch haben sie für den großen Tag nicht auf die An-wesenheit ihrer geliebten Bernhardiner und Cocker Spaniel verzichten können und ihre Vierbeiner im gleichen Outfit eingekleidet. Die Hunde tragen über dem dichten Fell weiße Kleidchen und rosafarbene Schleifchen. Das Kostüm eines kleinen Cocker Spaniels ist viel zu lang und behindert ihn beim Laufen. Immer wieder tritt er auf den weißen Stoff und stolpert dann über seine eigenen Vorderbeine. Mit der Schnauze versucht er, das Kleid von seinem Rücken zu zie-hen – ohne Erfolg.

Punkt acht Uhr fällt der Startschuss. Wie eine große Lawine schieben sich Tausende von gut gelaunten, bunt verkleideten Läufern durch die Straßen San Franciscos. Ein Wahnsinnsgefühl, hier mittendrin zu sein. Anfangs können wir nicht wirklich Geschwindigkeit aufnehmen, die kostümierten Menschenmassen verstopfen die Straßen. Und mein Baumkostüm piekt und sticht, das Laufen fällt mir schwer. Immer weiter bohren sich die Äste ihren Weg unter meine Strumpfhose, und ich spüre das Gestrüpp bei jedem Schritt. Damit nicht genug. Denn zudem breitet sich mein Geäst nach vorne und nach hinten aus. Gefühlte zehn Mitläufer pro Quadratmeter spüren mein Baumkostüm genauso sehr wie ich selbst, etwa ein männlicher Mitstreiter dicht neben mir. Er trägt ein Plastikmesser quer durch den Bauch und das Kunstblut läuft rechts und links an seinem weißen Hemd herunter. „Kannst du den Baum aus meinem Körper nehmen. Ich bin schon verwundet", beschwert sich Bloody Mary, als er plötzlich unterbrochen wird. Eine Horde von wild gestikulierenden rot-orangefarbenen Lachsen kommt auf uns zu und bahnt sich eilig entgegen der Laufrichtung ihren Weg durch die Menge. „What the ...?", entweicht es mir. Durch den plötzlichen Ansturm des Fischschwarms mit seinen wedelnden Flossen sehe ich den Großteil meiner Äste auf den Boden segeln. Da fängt der Messerbursche an zu grinsen und scheint die pieksenden Tannenzweige vergessen zu haben. „Süße, kein Stress. Das sind die Lachse auf der Flucht vor den Bären. Die rennen jedes Jahr gegen den Strom."

Als die nach Luft schnappenden Tiere zwischen uns hindurchgeschwommen sind, können wir unser Lauftempo wieder erhöhen. Zumindest für drei Sekunden. Denn als wir gerade wieder aufs Gas drücken und Mogli sein rotes Höschen mit einem geübten Griff für die zunehmende Geschwindigkeit in Form rückt, werden wir erneut von einer Truppe entgegenkommender Läufer aufgehalten. Diesmal eine Horde grölender Bären auf der Jagd nach ihrem Frühstück. Der Bär an der Front ruft: „Wuah, uah – catch the salmons!! Hungry, hungry", und sie kämpfen sich ihren Weg zwischen den halb nackten, bunt verkleideten Kostümkünstlern hindurch. Mari Carmen kann sich vor Lachen kaum halten. Sie blickt den Bären nach, die dem Lachsschwarm hinterherjagen. „Die Leute hier sind verrückt – so etwas gäbe es nie in Barcelona!" Und selbst der rheinische Karneval dürfte mit dem *Bay to Breakers* nicht ansatzweise zu vergleichen sein.

Unsere Route verläuft entlang der Howard Street durch das Stadtviertel *SoMa* bis zur neunten Straße. Ab der Ecke Hayes Street quälen wir uns durch den anstrengendsten Teil der Strecke. Hier erhebt sich die Straße hinauf zum Alamo Square. Der kleine Park hoch über der Stadt bietet einen Panorama-Blick über ganz San Francisco und auf die bekannteste Häuserreihe der Stadt. Die als *Painted Ladies* bezeichneten bunten Gebäude sind eines der meist fotografierten Objekte der Vereinigten Staaten. Von den im viktorianischen oder *gingerbread style*, also Zuckerbäckerstil, erbauten Häusern gibt es in San Francisco um die 16 000, weit mehr als in jeder anderen US-amerikanischen Stadt. Der Hauptgrund für deren schnelle Verbreitung war ökonomischer Natur: Die Häuser konnte man sich in Musterbüchern zu günstigen Preisen aussuchen, weil die „Haushüllen" in Schnellbauweise angefertigt wurden; Individualität drückten die Hausbesitzer durch Dekors und Farbwahl aus. Jetzt im Laufschritt daran vorbeisprintend, kann ich den Ausblick auf die farbenfrohe Häuserreihe allerdings nicht wirklich genießen.

Vom historischen Alamo Square geht es weiter über die Fell Street Richtung Golden Gate Park. Entlang der Strecke sitzen die Hausbewohner an den Fenstern und winken den vorbeilaufenden Massen zu. Einige von ihnen schwenken bunt bemalte Plakate aus dem Fenster. Die Ziellinie liegt am Ende des Golden Gate Parks in der Nähe des Tulpengartens am Pazifischen Ozean. Durchhalten!

Vollkommen außer Puste laufen wir die zwei letzten

Kilometer durch den Park, als uns auf einmal frech von rechts ein Mann überholt. Er hat lange braune Haare, einen nackten Oberkörper und einen Lorbeerkranz auf dem Kopf. Der gut gebaute Jüngling mit weißem Lendentuch trägt zusätzlich noch ein massives Holzkreuz auf den Schultern. Es ist Jesus, und er rennt. Im Laufschritt sprintet er mit seinem Kreuz auf dem Rücken die Straße hinauf. Schweiß-perlen stehen ihm auf Gesicht und Körper und glänzen in der Sonne. Die Zuschauer am Straßenrand jubeln ihm „Go, Jesus, go!" zu. Ihm folgt im gleichen Laufschritt eine Zwölfergruppe, nicht minder angestrengt aussehend. „Das sind seine Apostel!", ruft Vijay, denn auf ihre Rücken sind in dicker, schwarzer Farbe Namen wie Judas, Johannes, Simon und Petrus geschrieben. Ich frage mich, woher Vijay als Hindu überhaupt die Apostel kennt. Abwechselnd lassen sie Jesus in einen nassen Schwamm beißen, um ihm Flüs-sigkeit anzubieten. Seltsam, ich bin doch bibelfest. „Waren es die Apostel, die Jesus am Kreuz zu trinken gaben?", rufe ich Nick zu, der unmittelbar neben mir läuft. Durch die sil-berne Rüstung kann ich nur seine Augen sehen. Der Arme muss in dem schweren Ding sicherlich schwitzen, aber er macht einen recht glücklichen, wenn auch erschöpften Ein-druck. „Nein, aber heute ist eben alles erlaubt." Durch die Rüstung höre ich sein schallendes Lachen. Und auch ich bin erschöpft, aber glücklich, weil Nick neben mir läuft und ich noch nicht dehydriert am Wegesrand liege.

Jetzt brennt der Ehrgeiz in mir auf. Das schaffen wir! So kurz vor dem Ziel muss ich Nick noch mal zeigen, was in mir steckt. Solch ein Jesus mit so viel Brennholz auf dem Rücken sollte doch locker zu überholen sein. Ich lege einen Zahn zu, werfe die letzten Zweige ab und schalte den Turbo-gang ein. Jesus ist nur wenige Meter vor mir. Er ist wirklich flott. Plötzlich kommt von links ein Mädchen in einem wei-ßen Kleid auf die Straße gerannt und wirft sich dem laufenden Jesus vor die Füße. Bei dem Überfallmanöver stürzt Jesus samt seinem massiven Holzkreuz beinahe auf das Mädchen, kommt jedoch in letzter Sekunde vor ihr zum Stehen und kann das Kreuz gerade noch festhalten. Entgeistert schaut er auf sie herab. „Jesus, please! Make me your wife!", ruft sie laut flehend, während sie seine Füße mit beiden Händen umklammert. Jesus ist von dem unerwarteten Heiratsantrag weniger angetan, er will weiterlaufen. Seine Jünger helfen ihm dabei, sich von dem Mädchen im Feenkostüm zu befreien. „Ausgeflippt" ist für diesen Volkslauf gar kein Ausdruck. In einer Stadt, in der die Ausnahmen der Regelfall sind. Alles ist möglich – you can do it!

Die letzten hundert Meter konzentriere ich mich nur noch aufs Laufen, Atmen, Durchhalten. Und dann endlich kommen wir an: am Strand vom Golden Gate Park. Von weitem sehe ich bereits den Zielbogen. Wir sind die zwölf Kilometer von der Innenstadt bis an den Pazifik gerannt – egal, ob als Baum, Marienkäfer oder Ritter. Und mit letzter Kraft laufen wir gemeinsam in den Zielbogen ein. Unsere Zeit: eine Stunde und zwanzig Minuten. Unsere Verkleidungen haben sich dabei teilweise aufgelöst. Freudestrahlend und schweißnass fallen wir uns in die Arme, und Vijay rennt jauchzend Richtung Pazifik. „I am melting away – water, water." Nick kommt zu mir und klopft mir anerkennend auf die Schulter, und ich zwinkere ihm zu. In diesem Moment fühlt sich alles so leicht an, so perfekt. Ich wusste doch, dass San Francisco die richtige Entscheidung ist. In diesem Augenblick könnte ich mir nichts Besseres vorstellen, als hier mit so vielen Tausenden von erschöpften, glücklichen Menschen am Meer in der wärmenden Morgensonne zu stehen. Die Pazifikküste erwacht gerade erst aus ihrem tiefen Traum und räkelt sich müde in den ersten Sonnenstrahlen, aber wir haben bereits den ausgeflipptesten Lauf unseres Lebens hinter uns.

Streifzug:
Feiern Sie ausgelassen!

Es gibt wenige Städte, in denen die Menschen so häufig und gerne in Kostüme schlüpfen und verkleidet durch die Straßen ziehen wie in San Francisco. Im Mai warten neben dem *Bay to Breakers* ebenso der *Cinco de Mayo* (5. Mai) und der brasilianische Karneval auf Sie. Der fünfte Mai gedenkt des Sieges, den die mexikanische Armee über die französische Expeditionsarmee in der Schlacht bei Puebla 1862 errang. Beim brasilianischen Karneval können Sie (fast) alle Hüllen fallen lassen und mit bunten Federn geschmückt durch die *Mission* tanzen. Ein Erlebnis für die ganz Hartgesottenen mit einem Faible für Leder ist die *Folsom Street Fair* im September – bitte nicht erschrecken, denn man sieht viel nackte Haut und bizarre Szenen! Etwas softer ist die *Pride Parade* im Juni, ein Aufmarsch, der von der LGBT-Bewegung veranstaltet wird. Ende November findet die furchteinflößend festliche Parade zum Gedenken der Toten statt: der *Dia de los Muertos*. Bei diesem mexikanischen Totenfest treffen Sie beim nächtlichen Marsch in der *Mission* auf gruselige Skelette, singende Zombies und ekstatische Aztekentänzer. Festlich beendet wird der November mit Thanksgiving. Zum einen mit dem spaßigen Truthahn-Rennen im Golden Gate Park und zum anderen mit einer Sonnenaufgangszeremonie auf Alcatraz, bei der die *Native Americans* an ihre neunzehnmonatige Besetzung von Alcatraz erinnern, sich für ihre Recht einsetzen und propagieren, dass die Insel Landbesitz der indianischen Ureinwohner ist.

„Your city is remarkable not only for its beauty. It is also, of all the cities in the United States, the one whose name, the world over, conjures up the most visions and more than any other city incites one to dream."

GEORGES POMPIDOU, FRANZÖSISCHER POLITIKER

Juni
Work hard, play hard

Ein paar Tage nach dem *Bay to Breakers* stehe ich zwischen den Einkaufsregalen bei *Trader Joe's*, der amerikanischen Bio-Version des deutschen Supermarkts ALDI. Heute Abend wollen Mari Carmen, Sophia und Rose in meiner neuen WG zum *Housewarming*, also zum Anstoßen aufs neue Heim, vorbeikommen. Zwar liegt mein Einzug schon ein paar Wochen zurück, aber in Amerika ist das kein größeres Problem, Einweihungspartys sind auch zwei Jahre später noch vollkommen legitim, genauso wie Geburtstagsfeste um Wochen vorgefeiert werden können. *Trader Joe's* führt nur eine limitierte Auswahl an Produkten, dafür stammen die meisten Angebote aus ökologischem Anbau. Zudem ist der Einkauf beim Edel-ALDI auch noch ein echtes Erlebnis und, wie ich finde, *so much fun*. Schon beim Eintreten durch die gläserne Schiebetür würde ich mir am liebsten eine Blumenkette um den Hals werfen, denn die amerikanische Variante der Albrecht-Brüder-Dynastie steht unter dem Hawaii-Motto. Alle Mitarbeiter tragen bunt geblümte Hawaiihemden, die Filialleiter nennen sich selbst *captain*, den Stellvertreter *second mate*, also zweiten Steuermann. Der Rest der Belegschaft gehört zur *crew*.

Ich wähle ein paar Flaschen Sekt und Softdrinks aus und gehe weiter zum Käseregal. Als ich gerade prüfend an der Theke stehe, raunt plötzlich eine rauchig-sanfte Stimme mit französischem Akzent über den Käsehügel: „Excusezmoi – ich will dich nicht stören. Kannst du mir einen Käse empfehlen?" Langsam drehe ich meinen Kopf herum und blicke in ein ebenmäßiges, von dunkelblonden, kurzen Locken eingerahmtes Gesicht, die Haut sonnengebräunt, gepflegt und perfekt glattrasiert. Ein Mann, fast wie aus einem Prospekt für ein teures Rasierwasser oder Männerparfüm. Wow, denke ich, und ein freundliches, fast jungenhaftes Lächeln lässt mich mein für heute Abend geplantes Käsearrangement vergessen. Mari Carmen liegt schon ganz richtig: Viele hübsche Männer gibt es in San Francisco nicht, Nick ist eine Ausnahme, und die paar Sonderfälle in der Stadt sind dementsprechend wählerisch. Die Männer behaupten von der Frauenwelt übrigens das Gleiche.

Ein seltener Moment also, und ich genieße ihn – auch wenn ich seinen Anmachspruch zugegebenermaßen in der Kategorie „leidiger Anfänger" einordnen muss. Ein Gefühl wie im *Marina Safeway*. Dieser Supermarkt im Stadtteil *Marina* ist seit dem Bestseller „Tales of the City" besser als *Dateway* oder *Single's Safeway* bekannt, weil er als einer der besten Pick-up-Spots, also Aufreißläden, der Stadt gilt. Bevor ich allerdings mit einer guten Käseempfehlung punkten kann, spricht er auch schon weiter: „Ich will heute meinen Süßen überraschen, und suche nach einem guten Käse." Mit einem Schlag platzt meine angenehme Dateway-Vorstellung wie eine Seifenblase. Na klar, er ist schwul – schließlich bin ich in San Francisco, Schwulenhauptstadt der USA. Ich lasse mir nichts anmerken, erkundige mich, was er denn normalerweise so mag, und wundere mich dann doch, dass er mich fragt, zumal er mit seinem Akzent doch viel eher Bescheid wissen müsste. „Ja, ja, stimmt schon. Aber ich habe viele Jahre in Chicago gelebt und dort vom Käse komplett Abschied genommen. Nun bin ich seit kurzer Zeit in San Francisco und ganz angetan von der hochwertigen und frischen Produktvielfalt ...", sagt er und sieht das Stück Gouda, das er in der Hand hält, beinahe zärtlich an. Er fängt an zu erzählen und ich getraue mich kaum, seine Lobeshymne auf die Lebensmittel in San Francisco zu unterbrechen. Doch auf einmal schaut er auf die Uhr und seufzt: „Och, nee. Ich muss ja los. Um Himmels willen – jetzt halte ich dich hier auf. Vielen Dank, meine Liebe." Dann stürzt er in Richtung Kasse, ruft noch einmal „Merci beaucoup! À bientôt!" und ist weg.

Wie das Schicksal so will, treffe ich ihn jedoch keine drei Tage später auf einer Party wieder, die Sophia mit einer ihrer Freundinnen veranstaltet. Meine Käsebekanntschaft ist gerade in der Küche damit beschäftigt, seinen Freund mit Nüssen zu füttern, und winkt ganz aufgeregt, als er mich sieht: „Ach, du hier. Deine Empfehlung war super. Du kennst Sophia also auch? Das ist ja lustig. Das ist Jim. Jim, das ist ..." – „Hanni", beende ich seinen Satz. „Ach, tz tz, ich bin übrigens Alex", sagt er und schüttelt den Kopf über seine eigene Dusseligkeit. Wir betreiben den typischen amerikanischen Small Talk, der mir mittlerweile richtig Spaß macht, bis er plötzlich sagt: „Jim ist übrigens ein ganz toller Künstler. Du solltest mal bei ihm in der Galerie in *SoMa* vorbeikommen." Jim schaut ganz verschämt und versucht, von sich abzulenken: „Dafür ist Alex ein grandioser Web-Designer. Du musst dir mal seine Seite anschauen, wirklich allererste Sahne." Sie schauen sich ganz verzückt an, turteln miteinander, mir ist ein bisschen unwohl: „Oh, sehr gerne", sage ich. In diesem Moment kommt Sophia mit einer neuen Flasche Wein in die Küche und rettet mich aus der Situation und der Abend wird noch lang und amüsant. Am Ende tauschen Alex und ich Nummern aus und er drückt und knuddelt mich zum Abschied. So sehr, dass Jim sogar ein bisschen blöd aus der Wäsche guckt. „Melde dich, wenn du Fragen zum Web-Design von eurer Healthcare-Website hast. Und sowieso sollten wir unbedingt mal wieder etwas gemeinsam machen", sagt er zum Abschied. Ich gehe mit der wohligen Empfindung nach Hause, dass dies mal wieder der Beginn einer neuen Freundschaft ist.

Keine zwei Tage später wache ich mit einem ziemlich unguten Gefühl auf. Zahnschmerzen! „Kannst du mir einen guten Zahnarzt empfehlen?", frage ich Katie im Büro, während ich mir die Wange halte. „Oh je! Poor girl." Sie greift in ihre Handtasche, kramt ein bisschen darin herum und reicht mir dann eine Tablette. „Hier ein Mittelchen", schlägt sie vor. Ich bin nicht sicher, ob ein Zahnarzt in diesem Fall nicht besser helfen kann als ein Schmerzmittel von *Walgreens,* dem Drogeriemarkt, der auch eine große Auswahl an rezeptfrei erhältlichen Medikamenten führt. „Hast du eine Zahnarzt-Empfehlung?", frage ich. „Ich bin bei Dr. Roberts – der ist gleich um die Ecke." Bisher habe ich noch keinen Zahnarzt gebraucht und so muss Katie mir die Versicherungssituation erst noch erklären. „Unsere Zahnversicherung deckt siebzig Prozent der Kosten ab – bis maximal 2500 Dollar im Jahr." Und mit diesem Versicherungsschutz könne ich mich im Vergleich zu anderen Amerikanern bereits schon glücklich schätzen. Da gesetzliche Versicherungen nicht existieren und man bereits für einen durchschnittlich guten Versicherungsschutz mehrere hundert Dollar im Monat bezahlt, gibt es viele Menschen, die sich gar keine Krankenversicherung oder maximal eine Notfallversicherung leisten können. Staatliche Unterstützung gibt es nur durch die Programme *Medicaid* und *Medicare.* Während *Medicaid* sozial schwache Bürger mit gar keinem bis geringem Einkommen unterstützt, übernimmt *Medicare* einen Teil der Gesundheitskosten von pensionierten Bürgern.

„Knapp fünfzig Millionen der Amerikaner haben gar keine Versicherung, über 35 Millionen sind nicht ausreichend versichert. Insgesamt hat also fast ein Drittel der Bevölkerung keine adäquate Krankenversicherung. Das amerikanische Gesundheitssystem ist nun mal das teuerste der Welt", fährt sie seufzend fort. Dabei verschweigt sie, dass die Qualität noch nicht einmal zu den weltweit zwanzig Besten zählt. „Du kannst dir auf *Yelp* mal die Bewertungen meines Zahnarztes ansehen", schlägt Katie vor. „Er ist echt gut." – „Was ist *Yelp*?", frage ich, und sie starrt mich an, als hätte ich wissen wollen, wer Barack Obama sei. „*Yelp* ist eine Bewertungs- und Empfehlungswebsite. Dort findest du unter anderem Ratings für Ärzte, Restaurants oder sogar Nagelstudios." Ich öffne die Seite und finde Katies Zahnarzt. „Nicht schlecht – er hat vier von fünf Sternen", stelle ich fest, und Katie schaut mich zufrieden an. Ich bekomme für den nächsten Tag einen Termin.

In der Praxis werde ich schon nach einer kurzen Wartezeit von einem Assistenten in einen großen hellen Raum geführt, der durch vier hüfthohe Regale unterteilt ist. In jedem dieser Quadrate steht ein grauer Behandlungsstuhl. Der junge Assistent stellt sich vor: „Hi, ich bin John. Als Erstes werden wir achtzehn Röntgenbilder von deinem Gebiss machen." Ich schaue ihn fragend an. „Warum denn so viele?" Aus Deutschland bin ich maximal eine Röntgenaufnahme gewohnt und dann in der Regel auch nur, wenn es wirklich notwendig ist. „Routine. Wir machen das bei jedem neuen Patienten, um uns ein umfassendes Bild machen zu können." So, so!

Ich steige in den großen Zahnarztsessel, und mein Blick richtet sich automatisch gegen die Decke, an der zwei große Bilder angebracht sind. Das linke Foto eröffnet den Blick von unten in eine grün leuchtende Palme, aus der jederzeit eine pralle Kokosnuss zu fallen droht. Das rechte Bild präsentiert drei weiß-rote Düsenflieger, die *Blue Angels*, Elite-Flieger der US Navy, die jährlich am *Columbus-Day*-Wochenende im Oktober am Himmel San Franciscos während der sogenannten *Fleet Week* ihre Kunststücke zeigen. „Bilder an der Decke habe ich bisher in deutschen Zahnarztpraxen noch nicht gesehen, sehr cool", sage ich. „Danke, freut mich! Ja, der Besuch soll ja schließlich Spaß machen", meint er. Warst du schon mal bei der *Fleet Week*?", fragt er dann. „Bisher noch nicht." – „Es gibt Live-Musik und beeindruckende Flugdarbietungen der Kriegsmarine. Das solltest du dir auf jeden Fall einmal anschauen." John macht sich an die Arbeit, und die achtzehn Aufnahmen dauern keine fünf Minuten. Dank eines neuartigen Röntgengeräts kann er sie direkt im Behandlungszimmer machen, ich muss mich noch nicht einmal aus dem Stuhl erheben. Direkt vor mir an der Wand hängt ein Computerbildschirm, auf dem die Röntgenbilder in Echtzeit übertragen werden.

„Willst du Lachgas für die Behandlung?" – „Bitte, was?" – „Lachgas! Die Leute lieben es. Wenn du einmal damit behandelt worden bist, willst du gar nicht mehr ohne." Verschwörerisch lächelt er mir zu, ich nicke etwas zögerlich, und er zieht einen weißen, dicken Schlauch aus dem Schrank. Die große Öffnung samt Nasenstück in der Mitte erinnern mich an eine Beatmungsmaske im OP-Saal. Vorsichtig legt er mir das Nasenstück auf und klemmt zwei weiße Wattetupfer zwischen meine Wange und den Schlauch, so dass er nicht unmittelbar auf der Haut klebt. Ich bin gespannt, wie mein Körper darauf reagieren wird. Müde? Schwerelos? Berauscht? Ich spüre, wie das Gas in meine Nase strömt. John fragt mich, ob ich etwas lesen möchte, und reicht mir ein Frauenmagazin aus dem Regal. Doch sobald ich es in den Händen halte, sackt es auch schon nach unten. Es ist zu schwer und mir ist plötzlich auch überhaupt nicht mehr nach Lesen zumute, sondern nach Herumalbern.

„Dr. Roberts ist sofort bei dir", gibt John mir zu verstehen. Er grinst so breit wie ein kleiner Affe und sieht total dämlich aus. Komplett zum Totlachen. Ich versuche, mich zu beruhigen, was mir jedoch nicht gelingt, und so bleibe ich einfach mit einem breiten Grinsen im Gesicht unter der Palme liegen und spüre die Schwere meines Körpers. Die weitere Behandlung zieht an mir vorbei wie ein Film, den Spritzeneinstich merke ich kaum, und auch Dr. Roberts registriere ich fast nicht. Nach gefühlten fünf Minuten ist alles vorbei. „So, das war's schon. Der Backenzahn hatte Karies", sagt John und nimmt den Schlauch von meiner Nase. Langsam nehme ich meine Umgebung wieder aktiv wahr und fahre mit der Zungenspitze über den Zahn. Schwer und müde erhebe ich mich. Mein Mund ist noch komplett taub. Draußen in der Mittagssonne auf der California Street rollt der Bus der Linie 1 an mir vorbei, während die Angestellten aus den umliegenden Geschäftsgebäuden lachend in ihre Mittagspausen gehen. Ich habe lediglich einen Zahnarztbesuch hinter mir, aber ich habe mich selten so stoned gefühlt.

Arztbesuche in den USA sind für mich eine komplett neue Erfahrung – und zwar im positiven wie im negativen Sinne. Die Praxen geben sich viel Mühe, dem Patienten den Aufenthalt so angenehm wie möglich zu machen: Während der Wartezeit wurden mir Softdrinks und Kaffee angeboten, zur Lachgasbehandlung hätte ich zusätzlich Musik hören können, und beim Allgemeinmediziner, den ich wegen einer starken Erkältung aufsuchen musste, konnte ich mich im Wartezimmer mit Kuchen und Keksen vollstopfen. Die Schattenseite: Die heutige Kariesbehandlung kostet meine Versicherung und mich mehrere hundert Dollar, und mir erschienen die Ärzte wie Geschäftsmänner oder -frauen, die die Zeit im Sprechzimmer auch für Cross- und Upselling-Gespräche nutzen. Dr. Roberts wollte mir noch ein sogenanntes *Bleaching* aufquatschen, das meine Zähne „even more beautiful" machen könnte, wie er sagte. Der Entscheidungsspielraum des Patienten ist dabei viel höher, in Deutschland hat mich noch kein Arzt gebeten, selbst zu entscheiden, ob ich das Medikament XY nun einnehmen möchte oder nicht.

„Wieso bist du so relaxt?", fragt mich Vijay im Büro. „Alle anderen sind völlig aufgeregt wegen der großen Management-Präsentation." – „Falls du beim Zahnarzt auch schon einmal mit Lachgas behandelt worden bist, weißt du, wieso." – „That's fun! Dann werde ich mir auch schon mal einen Prophylaxe-Termin geben lassen." Ich klicke durch meine Mails und summe vor mich hin. „Ach, übrigens, Alex, ein Kumpel, hat mir geschrieben. Er kennt sich sehr gut mit Webdesign aus und schlägt vor, dass wir uns mal unterhalten sollten." – „Stimmt. Von dem hattest du ja schon erzählt. Die Turteltaube?", erinnert sich Vijay und ich überhöre seinen Kommentar. „Lust heute Abend mit ihm auf ein Bier im *Toronado*? Er hat echt was drauf und wir müssen dringend mal ein Feedback von einem Webdesigner einholen." – „Klar, hört sich gut an. Da bin ich dabei."

Und so treffen wir uns abends mit Alex im Stadtteil *Lower Haight*. Vijay freut sich vor allem aufs Bier. „Es ist das Tor zum Bierhimmel. Die Bar hat über hundert verschiedene Sorten im Angebot. Es gibt auch eine saisonale Auswahl, beispielsweise das nach Wassermelone schmeckende *Hell or High Watermelon Wheat Bier*." – „Wassermelonenbier kannst du mir als Deutscher nicht verkaufen!" – „Es gibt auch genug deutsches Bier, keine Sorge. Es ist eine der hundert besten Bierbars in den USA."

Auf einer großen, dunklen Tafel über der Theke sind, ähnlich den Zugabfahrtszeiten in einer Bahnhofshalle, die unterschiedlichen Bierangebote angeschrieben. Die Wände hat man vollständig mit Bieraufklebern aus aller Welt plaka-

tiert, dazwischen erspähe ich immer wieder deutsche Bier-
marken wie Radeberger, Spatenbräu oder Schneider Edel-
Weisse. Das sind zwar nicht unbedingt meine Favoriten,
hier aber ein gern getrunkenes Stück Heimat. Weil alle
Tische belegt sind, quetschen wir uns an die Bar unter die
große Leuchtreklame des belgischen Biers *Chimay*, wo Alex
schon auf uns wartet. Lautstark feiert eine Gruppe junger
Männer am Tisch nebenan. Sie alle tragen das gleiche T-Shirt
mit der Aufschrift einer Website, und hin und wieder fallen
Namen von bekannten Investoren aus dem Silicon Valley.
Der Typ hinter der Bar fragt: „What can I get you, guys?",
und wir bestellen die erste Runde, auf meinen Wunsch hin
das deutsche Franziskaner-Bier. Alex, nach dem zweiten Bier
gesprächig geworden, fragt die Männer, was sie feiern. Ein
bierseliges Muskelpaket mit Glatzkopf erzählt, sie hätten
heute Morgen eine große Finanzierungsrunde durch eine
Venture-Capital-Firma bekommen. Alex hört interessiert zu,
doch irgendwann dreht er sich wieder zu uns um: „Was soll
eigentlich dieser ganze Hype? Wieso will eigentlich jeder ins
Silicon Valley?" – „Das Silicon Valley ist so anziehend für
Jungunternehmer wie Mekka für die Muslime", feixt Vijay.
„Im Valley treffen Geschäftsideengeber und -finanzierer zusammen. Die Wahrscheinlichkeit, dass man eine Geldsprit-
ze für eine Geschäftsidee bekommt, ist nirgends in der Welt
so hoch wie dort. Und auch der Fun-Faktor kommt im Valley
nicht zu kurz. Obwohl die Arbeit hart und intensiv ist, sollst
du Spaß dabei haben, selbst wenn das einiger Whiskey
Happy Hours und dicker Start-up-Parties bedarf." Richtig!
Das Motto lautet: Work hard, play hard! Wenn man morgens
in Palo Alto, einem kleinen Städtchen im Silicon Valley, in
einem Café ein *breakfast to go* mitnimmt, laufen einem bereits eine Handvoll von Investoren und Unternehmern über
den Weg. Die Leute sehen zwar nicht unbedingt so aus, sind
total locker in Flipflops, Jeans und Baseballkappe gekleidet

und lachen einem freundlich zu, aber jeder davon spielt im Valley eine Rolle, ob als Investor, Gründer oder Software-Ingenieur. Durch diesen Mix entstehen viele spannende Ideen; beinahe wie eine Petrischale für Tech-Start-ups.

Vijay bestellt eine weitere Runde, und Alex erklärt uns, wie wir die Website von *Healthquestion* verbessern könnten. Ich schreibe Nick eine SMS, dass es etwas später wird. Eigentlich sind wir heute Abend noch verabredet, doch ein Drink mit Alex und Vijay sollte schon noch drin sein. In einem Zug schüttet Vijay den Rest seines Biers hinunter, aus der Diskussion ist mittlerweile fast ein Monolog geworden. Das Mysterium Silicon Valley ist eben Vijays Lieblingsthema. „Der Großteil der amerikanischen Technologieunternehmen stammt aus dem Valley." Er öffnet eine App auf seinem iPhone und zeigt auf eine Liste von Unternehmen, die im Silicon Valley angesiedelt sind: Apple – Microsoft – IBM – Google – Oracle – Intel – Cisco. „Alle Unternehmen, mit Ausnahme von Microsoft in Seattle und IBM in New York, haben ihren Hauptsitz in Kalifornien", sagt er. Zusätzlich liegen beinahe vierzig Prozent des gesamten Investmentbudgets der USA in Nordkalifornien. Hier haben die *Venture Capitalists*, die sogenannten Risikokapitalgeber, deren unscheinbare Büros die Sand Hill Road in Menlo Park spicken, die Spendierhosen an. Hier wird *Healthquestion* fliegen.

Manchmal hätte ich auch gerne die Überzeugung und anhaltende Energie Vijays, der schon viel mehr amerikanische als indische Verhaltensmuster zeigt. Kein Wunder, schließlich lebt er seit knapp zehn Jahren in den USA. Einer seiner Grundsätze ist das *Think Big*. Warum über die Limits und Beschränkungen nachdenken, wenn es so viele Möglichkeiten gibt? Warum nicht ein Wagnis eingehen, wenn sich daraus so viele Chancen entwickeln? Warum nicht für den großen Traum neue Wege gehen? Entschlossen leere ich mein

Glas und schaue auf die Uhr: Bereits neun. Ich will eigentlich noch zu Nick und nicht zu spät bei ihm aufkreuzen, denn die letzten Tage ist er schon so verstimmt gewesen. „Guys, have fun. I am heading out", verabschiede ich mich kurzerhand und lasse die zwei, die sich mittlerweile angeregt mit der Start-up-Truppe am Nachbartisch unterhalten, zurück.

Doch als ich bei Nick ankomme, macht er nicht eben den Eindruck als hätte er mich sehnlich erwartet. Im Gegenteil: Er sitzt mit seinen Kumpels in der Küche, von Pizzakartons und Bierflaschen umgeben. Sie haben Spaß, spielen Trinkspiele, und Nick beachtet mich nicht weiter. Ich schnappe mir ein Bier und quatsche ein bisschen mit seinem Freund Mike. Doch eigentlich frage ich mich die ganze Zeit, was ich eigentlich hier mache. Irgendwann wird es mir zu blöd und ich gehe – ohne ein weiteres Wort zu verlieren. Jetzt bin ich extra früher zu ihm gefahren. Und nun? Wahrscheinlich wird Nick meinen Abgang noch nicht einmal registrieren! Kraftvoll lasse ich die Tür ins Schloss fallen. Anscheinend bemerkt er es schon, denn kaum bin ich aus der Wohnung raus, klingelt mein Handy: „Was soll denn dieser Auftritt? Wieso machst du dich einfach aus dem Staub?" – „Wir zwei waren verabredet, falls du das vergessen hast." – „Es war gerade so lustig, entspann dich! Du hättest doch auch bei deinen Freunden bleiben können, wenn dir das hier nicht passt." Im Hintergrund grölen seine Kumpels. „Ich wollte aber etwas mit dir machen. Im Gegensatz zu dir ist mir das nämlich wichtig." – „Sei doch mal ein bisschen relaxter. Schließlich sind wir nicht verheiratet." – „Vergiss es einfach, Nick", sage ich und lege auf. Viel zu viele Fragen gehen mir durch den Kopf, während ich durch die Nacht San Franciscos nach Hause laufe. Trage ich nicht genug kalifornische Ruhe in mir? Habe ich zu aufgebracht reagiert? Legt Nick überhaupt irgendeinen Wert auf unsere Beziehung?

Ich eile den *Telegraph Hill* hinauf, bemerke gar nicht, dass ich schwitze, denn dafür bin ich viel zu aufgewühlt. Als ich die Tür zu Charles' und meiner WG öffne, höre ich laute Stimmen, Lachen und das Klirren von Gläsern. „Dies ist eine Ernte von 2004. Sehr zu empfehlen." Kurze Stille, jemand schenkt ein. Charles hat mal wieder eine seiner Weinproben. Ich höre ihn und seine Sommelier-Freunde schlürfen und lachen, während ich im Flur aus meinen Schuhen schlüpfe. Auf Zehenspitzen schleiche ich mich am Wohnzimmer vorbei in mein Zimmer. Keine Lust auf Menschen! Mit Blick auf die funkelnde Bucht und dem mulmigen Gefühl, dass die Beziehung zu Nick bereits vorbei sein könnte, bevor sie so richtig angefangen hat, schlafe ich erschöpft ein.

Eines habe ich schon immer sehr gut gekonnt: während der Arbeit alles verdrängen. Und so stürze ich mich in den Büroalltag, habe jede Menge Meetings, muss für meinen Arbeitgeber neue Vertriebswege in den USA aufzeigen und sitze nach Feierabend noch lange mit Vijay zusammen. Seit einigen Wochen habe ich Vijay mehr und mehr bei der Arbeit an *Healthquestion* unterstützt. Am vergangenen Donnerstag fragte er mich schließlich, ob ich nicht Interesse hätte, die Plattform mit ihm gemeinsam zu entwickeln und die Schnittstelle zu Ärzten und Patienten aufzubauen. „Ich könnte mich dann auf das Programmieren konzentrieren. Das macht mir Spaß. Aber ich habe ehrlich gesagt keine Idee, wie ich die Vermarktungsmaschinerie ankurbeln und Besucher auf die Seite bekommen soll. Ich glaube, dass du das viel besser kannst", sagte er. „Wir können gemeinsam einen Businessplan entwickeln und uns gegen Ende des Jahres – wenn wir intensiv genug daran arbeiten – möglicherweise schon um eine Finanzierung bewerben. Was meinst du? Hättest du Lust?" Ich weiß nicht, wieso, vielleicht, weil ich bereits amerikanischer geworden war oder einfach Ablenkung von Nick brauchte: Jedenfalls sagte ich ohne groß zu zögern zu. Damit war *Healthquestion* unser „Baby", wie Vijay es ausdrückte und ich war meinem Start-up-Traum ein kleines Stückchen näher gekommen.

Wenige Tage später. Gemeinsam mit Charles und Vijay stehe ich am Marina Green Beach. „Harte Burschen. Erst die Bucht schwimmend bezwingen und dann alle abgefrorenen Körperteile auf dem Rad transportieren ..." Wir fiebern mit beim *Escape from Alcatraz*, einem jährlich im Juni stattfindenden Extremsport-Event, bei dem die 2000 besten Triathleten der Welt auf über 20 000 Zuschauer treffen. Die starken Strömungen und die Eiseskälte des Wassers machen die eineinhalb Meilen bis zum Ufer zu einer Herausforderung für jeden Schwimmer. Und danach stehen noch achtzehn Meilen Rennradfahren und acht Meilen Laufen auf dem Programm. „Die härteste Lady steht allerdings direkt neben mir. Nicht wahr, Partner?", sagt Vijay witzelnd und auch ein bisschen stolz und legt mir den Arm um die Schulter. Und ich lege meinen Arm um seine Hüfte. In diesem Moment weiß ich: Er baut auf mich und wir sind ein Team. Charles hingegen zeigt auf die Bucht hinaus, die wie ein tintenblauer, glatter Spiegel vor uns liegt und vom Marina Green Beach aus harmlos und ruhig aussieht. „Go for it!", ruft Charles. Er feuert die Teilnehmer an – vor einigen Jahren hat er selbst einmal teilgenommen. Kurz darauf hechten die ersten Schwimmer aus dem Wasser. Die mit farbigen Badekappen bedeckten Köpfe glänzen in der Sonne wie kleine Stecknadelköpfe. Kaum merklich bewegen sie sich immer näher auf uns zu. In diesem Moment klingelt mein Handy in meiner Handtasche. Auf dem Display erscheint das Foto von Sophia – lachend und im Marienkäfer-Outfit, im Hintergrund das Meer. Wir hatten es am *Bay to Breakers* geschossen. „Hey, how are you?", fragt sie. Und ich habe mittlerweile gelernt, dass man in Amerika natürlich immer mit „Good and how are you?" antwortet. Daher wundert mich Sophias Antwort umso mehr: „I am okay, but I've got bad news", sagt sie. Das habe ich bisher noch nicht aus ihrem Mund gehört.

Streifzug:
  Genießen Sie das Nachtleben!

Das Nachtleben in San Francisco ist so mannigfaltig und schrill wie seine Bewohner. Es gibt verhältnismäßig wenige Danceclubs wie das *Ruby Skye* am Union Square oder das *Mezzanine* in *SoMa*, in denen Sie zu House-Musik und Elektro-Beats abtanzen können. Dafür treffen Sie die multi-kulturelle Szene San Franciscos vermehrt in den urigen Knei-pen, romantischen Piano- und Café-Bars, schnuckeligen Re-staurants und in den alteingesessenen historischen Musik-Theatern. Die besten Live-Performances genießen Sie in *The Fillmore* (Auditorium), einem Relikt aus dem Jahre 1912, in dem Größen wie Carlos Santana und Eric Clapton spielten, bevor sie Bekanntheit erlangten. Auch das viktorianische Musiktheater *The Great American Music Hall*, ursprünglich ein Bordell, lässt mit seinen Rokoko-Holzvertäfelungen und Blattgold-Dekorationen Live-Events zu einem ganz beson-deren Erlebnis werden. Da es außer auf der Empore fast nur Stehplätze gibt, kommen Sie sehr nah an die Bühne heran und können den Musikern aus nächster Nähe lau-schen. Neben all den Live-Konzerten und jeder Menge Para-den und Festivals ist in den diversen Bars und Lounges für jeden Geschmack etwas dabei: Die Jüngeren tanzen sich durch die günstige Bar-Szene in den versteckten Gassen der Mission, Divisadero und Haight Street, während die Tanz-wütigen und Bisexuellen sich in den Lounges und Clubs *SoMa, Polk Gulch* oder *Castro* die Zeit vertreiben. Junge Pär-chen auf *Double Dates*, also Pärchenabenden, und Studenten finden Sie vermehrt in den schnuckeligen Cafés, Bars und Restaurants in *Cow Hollow, Marina, North Beach* oder *Nob Hill.*

„Leaving San Francisco is like saying goodbye to an old sweetheart. You want to linger as long as possible."

Walter Kronkite, amerikanischer Journalist

Juli
Think global – eat local

„Hilfe! Alex, rette mich!" Mari Carmen kreischt und zappelt. Selbst vom Bootshaus aus kann ich ihren hochroten Kopf erkennen, und ich weiß genau, dass ihre Unterlippe bebt. Das tut ihre Lippe nämlich immer, wenn sie geladen ist. „Damn it, what the fxxk are you doing, Vijay?" Mari Carmen klammert sich am Mast des Boots fest, und Vijay wippt noch stärker hin und her. So stark, dass rechts und links das Wasser leicht über den Rand schwappt und langsam in das Innere der weißen Segeljolle rinnt. Mari Carmen bekommt nasse Füße, und mir ist jetzt schon klar, dass sie diesen Segeltrip verdammen wird. Alex lacht schallend. Er kann minutenlang lachen und schwenkt dabei seinen dunkelblonden Lockenkopf vor und zurück.

Es ist Sophias letztes Wochenende in San Francisco. Nach fünf Jahren zieht sie nach Los Angeles, wo ein neuer Job auf sie wartet. Mit ihrem großen Freundeskreis ist Sophia überall in San Francisco als *social butterfly* bekannt, und es fällt ihr unheimlich schwer, die Stadt zu verlassen. „Es wird mir das Herz brechen, wenn ich wegziehe", sagte sie, als wir vor ein paar Tagen telefonierten. Daher beschlossen Rose, Mari Carmen, Alex, Vijay und ich, ihr ein Farewell-Wochenende mit Segelkurs und Roadtrip zu organisieren. In den letzten Monaten hatten wir viel gemeinsam unternommen, waren zu einer Clique zusammengewachsen, und keiner wollte sie gehen lassen. Am wenigsten wahrscheinlich ich! Sie war für mich zu einer guten Freundin geworden, half bei der Wohnungssuche, zeigte mir die Stadt und versuchte ab und an, mich in amerikanischen Männerangelegenheiten zu belehren.

Nach einer amüsanten Jollenschnupperstunde sitzen Sophia und ich nun schon wieder am Bootshaus des *CAL Sailing Clubs* in der Sonne und beobachten Vijay, Alex und Mari Carmen, die noch mit ihrem Anlegemanöver beschäftigt sind. Der *CAL Sailing Club* der University of Berkeley liegt im Südteil der Marina, etwas abgelegen vom luxuriösen Teil des Hafens mit seinen noblen Yachten und flotten Motorbooten, und wird als gemeinnützige Organisation geführt. Die Schule besteht lediglich aus einem kleinen blauen Holzhüttchen mit eingezäuntem Gartengrundstück, in dem die Jollen, Kielboote und Surfbretter in einem alten Schuppen dicht aneinandergedrängt stehen. Von der Holzveranda aus können wir die Wassersportler in den Wellen vor der Kulisse der Containerschiffe und Industriehallen des Hafens von Oakland beobachten. Zugegeben, der Ausblick der Marina ist nicht der schönste, und das Wasser ist allein schon wegen der Nähe zum Industriehafen von Oakland nicht das sauberste, aber wer zu studentischen Konditionen lediglich ein bisschen Segeln und Surfen möchte, liegt hier in Berkeley richtig.

„Sophia, ich werde dich so vermissen", platzt es aus mir heraus. „Und ich euch erst. Aber ich komme dich oft besuchen, und du hast doch noch Vijay, Rose, Mari Carmen, Alex und Nick." – „Ach, Nick. Den habe ich seit unserem Streit nur noch einmal gesehen. Er ist irgendwie seltsam." – „Du sagtest doch, dass ihr zusammen seid." – „Ich glaube schon, aber wir haben nie explizit darüber gesprochen. Auch den Streit hat er bei unserem letzten Treffen nicht mehr erwähnt." – „Hanni, bist du dir sicher, dass er es nicht nur als Dating ansieht? Ich meine ..." Plötzlich scheppert es laut vom Ufer her. „O nein. Das sieht nach Ärger für Vijay aus." Wütend tritt Mari Carmen gegen den Rand der Jolle. Endlich greift Alex ein und bringt das Boot zur Ruhe, bis es schließlich nur noch leicht hin und her schwingt. Mari Carmen springt ans Ufer, wringt schimpfend ihre Socken aus und wirft Vijay einen letzten, vernichtenden Blick zu. Anschließend stolziert sie in ihrer knallgelben Schwimmweste über den Steg hinauf zu Sophia und mir ans Bootshaus. „Ich hasse Segeln!" Vor unseren Füßen lässt sie sich auf die Dielen in die Sonne fallen und legt die feuchten Socken demonstrativ neben sich aufs Holz.

„Ach, komm schon. Schau dir lieber die zwei hilfsbereiten Sweeties dort vorne an", sagt Sophia amüsiert und zeigt auf zwei braun gebrannte Burschen, die in der Sonne die Planken des Bootshauses streichen. Einige Meter weiter in der Segelwerkstatt ist ein junges Pärchen schon seit Stunden damit beschäftigt, die alten Jollen zu reparieren. „Für ein bisschen Freiwilligenarbeit fast umsonst segeln und surfen – das lieben wir Deutschen", grinse ich. Das Nick-Thema will ich lieber nicht wieder anschneiden. „Ihr seid solche *pennypincher*", lacht Sophia, und ich muss mir eingestehen, dass sie mit den Pfennigfuchsern nicht ganz falschliegt, den Tipp mit diesem Segelclub hatte mir in der Tat ein deutscher Kollege gegeben. „Das Coole an dieser Marina ist doch, dass die Leute hier total kunterbunt gemischt sind. Studenten, zugleich aber auch Professoren, Obdachlose und Unternehmensgründer", erkläre ich kraftvoll.

Sophia zeigt auf einen älteren Herrn, der gerade am Ufer versucht, sich auf sein Surfbrett zu hieven. Sein fülliges Bäuchlein im Neoprenanzug hängt bereits auf dem Surfbrett, der Rest des Körpers noch im Wasser. „Schaut mal auf den sportlichen Opi da vorne. Das ist zum Beispiel ein Professor von der Uni Berkeley. Sitzt der auf seinem Brett, surft er gar nicht so schlecht. Ebenso gibt es einen Heimatlosen, der lediglich in einem Bus wohnt und hier regelmäßig zum Surfen vorbeikommt." Mit dieser Vielfalt an Alters- und Sozialklassen ist der Club ein soziales Experiment, finanziert lediglich durch die Geldspenden seiner Mitglieder und einen symbolischen vierteljährlichen Club-Beitrag von knapp hundert Dollar. „In Deutschland würde das niemals funktionieren", sage ich und schaue in Richtung Steg, wo Vijay und Alex diskutieren.

Endlich gesellt sich auch Vijay wieder zu uns auf die Holzveranda: „Ich kann nicht mehr. Leute, lasst uns etwas essen gehen. Bei *Vik's Chat Corner* auf der 4th Street gibt es gutes indisches Essen." Und da wir alle hungrig sind, geht es auf nach Berkeley in eine von Straßencafés, Restaurants und Einrichtungshäusern gesäumte Straße. In einem einfachen Straßenimbiss, etwas abgeschieden am Ende der vierten Straße, stärken wir uns. „Ach, ich könnte für die Essensvielfalt in Kalifornien sterben", gibt Alex schmatzend zu verstehen, und noch einmal beißt er in seinen Chicken Kebab. „Das Essen hier ist einfach grandios", schwärmt Sophia. „Am nördlichen Ende der *Shattuck Avenue* befindet sich das *Gourmet-Ghetto*." Und sie erzählt uns von ihrem Besuch des bekannten Restaurants *Chez Panisse* der kalifornischen Köchin Alice Waters, eines der Highlights des kulinarischen Zentrums in Berkeley. Die Verfechterin frischer Gerichte hat die kalifornische Küche maßgeblich mitbegründet und verwendet nur Zutaten, die in Kalifornien angebaut wurden. „Ihr denkt auch nur ans Essen", stichelt Vijay und grinst. „Berkeley hat auch eine große Anzahl schlauer Studenten hervorgebracht." – „Ja, ja, Vijay, wir wissen schon, wer den nächsten Nobelpreis absahnen wird", sagt Mari Carmen. Doch immerhin: Aus dem Kreis der 30 000 Studenten und über 1000 Professoren an der renommierten Universität sind bereits 21 Nobelpreisträger der unterschiedlichsten Kategorien hervorgegangen. Und das ist auch der Grund dafür, dass es für die noch lebenden Nobelpreisträger exklusive Parkplätze gibt, die mit *Nobel Laureate only* gekennzeichnet sind. Für mich jedoch steht Berkeley neben der Bio-liebenden Sternenküche und der geachteten Universität noch für etwas ganz anderes: für den Ursprung der Hippiebewegung. Mit dem Slogan „Make Love, Not War" sind hier die Hippies schon um 1967 aus Protest gegen den Vietnamkrieg sowie den Kalten Krieg auf die Straße gegangen und sorgten für weltweites Aufsehen. Berkeley war einst das Zentrum radikal-politischer Ideen während der 68er-Bewegung und Geburtsort der freien Rede, der sogenannten *Free Speech Movement*. Hier war schon immer etwas los.

Als sich gegen Spätnachmittag die Sonne über Berkeley am Horizont verkriecht und alle müde vom langen Segeltag sind, treten wir die Heimreise nach San Francisco an. Was denn eigentlich los sei, frage ich Mari Carmen auf dem Weg zu Sophias Auto. Sicher, sie ist öfters mal verstimmt, aber so eingeschnappt wie heute habe ich sie selten erlebt. „Mir geht's gut, Chica." Mit einem gekünstelten Lächeln läuft sie barfuß neben mir her. „Ich kann es nur nicht leiden, wenn Vijay mich die ganze Zeit nervt. Die Segeltour habe ich sowieso nur für Sophia mitgemacht. Und die Dinger sind immer noch nass", schimpft sie und zeigt auf ihre Socken. „Jetzt sei doch nicht so nachtragend. Er hat's doch nicht so gemeint." – „Eigentlich wollte ich sowieso nicht mitkommen. Ich hab extra wegen Sophia auf SUAW verzichtet, obwohl es gerade mit dem Schreiben überhaupt nicht klappt." – „Aber das weiß Vijay doch nicht. Und was ist bitte SUAW?" – „Ein Treffen namens *Shut Up And Write*. Ach, Vijay nervt mich einfach."

Dass Mari Carmen an ihrem Roman schreibt und dass sie sich regelmäßig mit anderen Schriftstellern trifft und austauscht, das weiß ich. Aber was „Halt die Klappe und schreib!" bedeuten sollte, das ist mir nicht ganz klar. „So eine Art Schreibgruppe für Autoren", erklärt sie, bei dem man sich für neunzig Minuten in einem Café in San Francisco trifft, um kollektiv zu schreiben. „Es gibt auch einen *Shut-up-and-write-Marathon*. Da schreibst du dann einen ganz Tag lang", ergänzt sie und steigt ins Auto; die Socken klemmt sie zwischen die leicht geöffnete Fensterscheibe. Sie ist einfach unverbesserlich! Die Schriftstellerei ist und bleibt ihr großer Traum, und sie arbeitet hart dafür, doch bisher hat sie in Spanien und den USA nur ein paar kleinere journalistische Aufträge erhalten. In San Francisco träumt sie vom großen Durchbruch, mindestens. Aber momentan will es nicht so ganz klappen. Auf der Suche nach der Muse besucht sie hin und wieder die berühmte Buchhandlung *City Lights Bookstore* auf der Columbus Avenue, benannt nach dem gleichnamigen Film *City Lights* von Charlie Chaplin. Die treue *North Beach*-Institution ist seit 1953 kreative Stöberstube lokaler Schriftsteller: zwei Stockwerke, kreuz und quer mit Bücherregalen, Magazinauslagen und Sitzgelegenheiten vollgestellt, so dass man sich leicht darin verirrt. Einmal traf Mari Carmen sogar auf den Gründer des Ladens, Lawrence Ferlinghetti, höchstpersönlich. Der alte Herr mit mittlerweile ergrautem Vollbart erlangte durch die Veröffentlichung des grenzwertig-obszönen Gedichtes namens „Howl" von Allen Ginsberg Bekanntheit, denn unverblümte Publikationen dieser Art waren im prüden Amerika der damaligen Zeit unvorstellbar.

Am nächsten Morgen steht Sophia hupend vor meiner Haustür. Auf der Rückbank ihres Wagens Rose und Alex. Vijay, der auf dem Beifahrersitz Platz genommen hat, lässt seinen Arm lässig aus dem Fenster hängen. Ich quetsche mich also zu Alex und Rose, und Sophia dreht die Musik auf volle Lautstärke. „Folks, let's go! Mari Carmen hat abgesagt. Sie will heute schreiben." – „Und hat keine frischen

Socken mehr", komplettiert Vijay die Erklärung von Sophia. Sie setzt ihre Sonnenbrille auf und liest auf ihrem iPhone die Wegbeschreibung für den 49-Mile-Drive vor. „Look for the seagull", fordert Sophia uns auf. Wir sollen nach der Möwe Ausschau halten, denn dieses Schild weist auf die Sehenswürdigkeiten entlang der Route hin. „Den eindrucksvollen Drive gibt es bereits seit 1938, als San Francisco während der *Golden Gate International Exposition* (1939–1940) die Messebesucher von den touristischen Attraktionen der Stadt überzeugen wollte", liest Sophia während der Fahrt vor. „Sophia, guck auf die Straße! Wir müssen die Nächste abbiegen, wenn wir zum Golden Gate Park wollen", unterbricht Vijay sie.

Den größten innerstädtischen Park der Welt (sogar größer als der Central Park in New York!) kann ich gar nicht oft genug besuchen. Jedes Mal entdecke ich etwas Neues. Ist es beim letzten Mal die Murphy Windmill und das Conservatory of Flowers gewesen, will Rose uns heute den Stow Lake zeigen. „Wahnsinn! Sechstausend Pflanzenarten, elf Seen, drei Museen, zwei Stadien und eine Büffelfamilie gibt es im Golden Gate Park", lässt Sophia verlauten, und Vijay muss sie erneut darauf hinweisen, doch bitte auf die Straße zu achten. Bevor wir am Golden Gate Park halten, schlägt Rose noch einen Frühstücksabstecher vor: „Lasst uns auf der Irving Street ein paar Dim Sums kaufen. Die sind echt großartig." Auf ein gutes chinesisches Frühstück haben wir alle Lust, und so kaufen wir eine große Tüte voller warm-dampfender, fernöstlicher Teigtaschen, gefüllt mit Gemüse, Fisch und Fleisch. Vijay will bereits im Auto in die Tüte greifen, als Rose ihm auf die Finger haut. „Gleich, Vijay. Bis zum Stow Lake musst du dich noch gedulden."

Der kleine See, als Wasserreservoir um den Strawberry Hill angelegt, besitzt ein paar Wasserfälle. Oben auf dem Berg gibt es einen Picknickplatz. „Wie weit ist es noch?", fragt Vijay, als wir den Pfad zum Erdbeerhügel entlanggehen. „Den Anstieg wirst selbst du schaffen, Vijay. Nur noch hundert Meter", lacht Rose. „Ich bin mir da nicht so ganz sicher", stelle ich amüsiert fest. Vijay hat dicke Schweißflecken auf dem Rücken seines Lieblingsshirts: knallgrün und mit dem neuen Logo von *Healthquestion*, das Alex ihm vor ein paar Wochen designt hat. Oben angekommen, machen wir es uns auf der Picknick-Bank gemütlich und genießen in der Morgensonne die chinesischen Teigtaschen. Während alle glücklich kauen, steht Sophia auf: Fototermin! „Leute, alle herschauen!", ruft sie. Rose, Vijay, Alex und ich drücken die Köpfe aneinander und setzen ein breites Grinsen auf. Auf einmal fängt Sophia an zu kichern, denn Alex hat sich zwei Dim Sums auf einmal in den Mund gestopft und versucht, mit weit aufgerissenem Schlund ein Lächeln für die Kamera zu erzwingen. Ich muss an unser internationales Potluck-Dinner vor ein paar Wochen denken, da hat Alex die gleiche Nummer abgezogen. „Alex, komm – der Potluck-Scherz ist alt. Jetzt versuch ausnahmsweise, einen vernünftigen Blick aufzulegen", befiehlt ihm Rose. Damals sagte Sophia, dass das, was bei ihr auf dem Teller liege, genauso international sei wie ihr Freundeskreis. „Ha, ha! Wo wir am nächsten Tag alle eine Magenverstimmung hatten, weil niemand das Sauerkraut von Hanni vertragen hat?", merkt Alex an und verzerrt sein Gesicht zu einer Grimasse.

Potluck-Partys habe ich in San Francisco kennen und lieben gelernt. Jeder bringt ein Essen aus seiner Heimat mit, und dann wird geteilt und gegessen. Die Potluck-Partys sind eine Tradition der frühen Einwanderer, als Essen sehr knapp war. Überhaupt zeigt diese Sitte die Liebe der Amerikaner zu Kooperation und zu Networking. Die über 25 000 Glücksritter der ersten Goldstunden, bekannt auch als *49ers*, die um 1849 nach San Francisco stürmten, waren hauptsächlich Männer, die mit der Kochkunst nicht sonderlich vertraut gewesen sein dürften. Und doch hatten sie Appetit, und sie brachten Geschmackspräferenzen aus der ganzen Welt mit. Viele unterschiedliche Restaurants öffneten ihre Tore und bescheren uns noch heute die kulinarische Vielfalt in der Bay Area. Vielleicht ist dies auch der Grund, warum San Francisco laut der New York Times die höchste Restaurantdichte in den USA besitzt. Die Einwohner San Franciscos nehmen es auch lockerer mit den Ausgaben für Restaurantbesuche, sie geben weit mehr Geld für Essen aus als der durchschnittliche Amerikaner. Ihre *Food-Obsession* kostet sie über 4000 Dollar im Jahr. Sophia ist überzeugt: „Es liegt bestimmt daran, dass der durchschnittliche San Franciscan einfach weniger in Fast-Food-Restaurants geht und mehr Geld in hochpreisigen Restaurants lässt." Im amerikanischen Durchschnitt besucht nämlich jeder Vierte mindestens einmal pro Tag eine Schnellgaststätte, sechzig Prozent aller Amerikaner sind übergewichtig und Pommes das am häufigsten konsumierte Gemüse.

Bevor ich nach San Francisco kam, entstand beim Gedanken an amerikanisches Essen ein typisches Bild in meinen Kopf: Burger, Pommes und Coca-Cola im XXL-Format, garniert mit Szenen aus dem Dokumentarfilm „Supersize me", bei dem sich der Regisseur für einen Monat lediglich von Fast-Food-Produkten ernährt. Doch wieder einmal erweist sich San Francisco als Zentrum der amerikanischen Gegenkultur: So hat San Francisco als erste amerikanische Stadt ein Verbot von Kinderspielzeug in Fast-Food-Gerichten erlassen und geht als gutes Vorbild im Kampf gegen die Fettsucht voran. Auch die sogenannte Slow-Food-Bewegung wird in kaum einer anderen Stadt so schwärmerisch verfolgt wie in San Francisco. So kamen im Jahr 2008 beim Event *Slow Food Nations* über 50 000 Menschen zusammen, um die natürlich-biologische Küche zu zelebrieren. *The City* hat daneben auch eine große Auswahl an Wochenmärkten, die lokale Bio-Produkte aus nahegelegenen Anbaugebieten an-bieten. Mein persönlicher Favorit ist der *Castro Farmers Market* an der Market und Noe Street. Trotz alledem sind wir natürlich in Amerika, wo mein Mitbewohner Charles ganz selbstverständlich Shampoo und Duschgels in Zwei-Liter-Packungen kauft und wir auch immer mindestens eine Gallone (also 3,8 Liter) Milch und zwei Gallonen Orangen-saft im Kühlschrank liegen haben.

„Wo fahren wir als Nächstes hin?", fragt Vijay in die Run-de, nachdem er die letzte Teigtasche verputzt hat und zu-frieden über seine Bauchwölbung streichelt, auf der unser Startup-Logo prangt. „Twin Peaks", schlägt Sophia vor, wir sind einverstanden, packen unsere Abfälle zusammen und brechen auf. Wir schlängeln uns die Serpentinen des Porto-la Drive über den Twin Peaks Boulevard zu den Zwillings-gipfeln hinauf.

Auf der Spitze der Hügel angekommen, faltet sich unter uns die Schönheit San Franciscos auf wie ein bunt schim-mernder Fächer mit allen seinen Farben und Facetten. Die Stadt in ihrem Schachbrettmuster, die Bucht und das Meer liegen vor uns wie die Landschaft einer Modelleisenbahn in der safran-goldenen Mittagssonne. „Wie schön – schaut, da ist der Golden Gate Park. Wie klein er von hier oben er-scheint!", ruft Sophia aufgeregt, und ich folge ihrem Blick. Von hier wirkt der langgezogene breite Park mit der daran anschließenden Grünfläche des Panhandle-Parks wie ein überdimensioniertes Nudelholz mit einem Griff, das der liebe Gott beim Ausrollen der Stadt vergessen hat und das nun das grüne Herz von San Francisco bildet. „Vijay, guck doch mal!", ruft nun auch Alex und richtet sein Kamera-stativ für ein weiteres Foto aus. Vijay hat allerdings andere Pläne. Samt Handy in der Hand steht er abgewandt von uns und der beeindruckenden Aussicht und blickt zum rot-weißen Sendemast des Sutro Towers hinauf. Mit einer App versucht er, ein Signal der Radio- und Fernsehsender zu erhalten, die der Mast ausstrahlt. „Friends, I am coming, I am coming. Trying to get a signal of KRON TV!", ruft er, läuft ein paar Schritte vor und zurück und wiegt seinen Kopf im indischen Stil bestätigend hin und her. Vijay ist halt doch ein Freak, denke ich mir amüsiert. Da bietet sich ihm einer der schönsten Ausblicke, und er hat nichts Besseres zu tun, als eine Funkwelle aufzuspüren. Ich hingegen könnte ewig hier oben stehen und auf *The City* blicken.

San Francisco ist eine Stadt mit großer Ausstrahlung. Ich glaube, dass ihre Magie und ihr Zauber in der Mannigfaltigkeit des Lichts begründet sind. Der amerikanische Dichter Codrescu hat die Lichtformen der Stadt gezählt und ist dabei auf 99 unterschiedliche *lights* in San Francisco gekommen. Ganz so viele habe ich bisher noch nicht entdeckt, doch eine Handvoll Lichtblicke sicherlich: So glich das Licht, das mich am ersten Morgen in San Francisco weckte, einem goldenen Tuch, das sich durch das ganze Zimmer zog. Und als ich mit Nick von Sausalito die Fähre im Sonnenuntergang zurück nach San Francisco nahm und sich die ersten Nebelbänke auf die Stadt legten, verfärbte sich der Himmel zu einem verhaltenen weiß-gelben Schimmer, und die Skyline der Stadt funkelte in der untergehenden Sonne wie verglimmende Glut. In den Parks der Stadt, in denen die Sonne durch die Baumwipfel der alten Eukalyptusbäume fällt, ist es ein gedämpft-erfrischendes Sonnenlicht, der Sonnenuntergang am Palace of Fine Arts hingegen mutet dicht und mystisch an. Selbst in längeren Nebelphasen während der Sommermonate gibt es Lichtblicke, zum Beispiel, wenn die Sonne während der Mittagszeit für einige Minuten durch die dicke Wolkenschicht hindurchdringt und die Bürotürme des *Financial District* in einen hellen Umhang hüllt. Wahrscheinlich sorgen auch alle diese Lichtvarianten für die kalifornische Besonnenheit, die wohl jeder

San Franciscan in sich trägt und jeder Neunankömmling nach spätestens einem Tag in der Stadt absorbiert. Mich werden sie wohl nie aufhören zu faszinieren.

Obwohl Sophia sich keine Trauer anmerken lässt, spüre ich, dass ihr dieser Moment schwerfällt. Ab dem nächsten Wochenende erwarten sie statt idyllischen Panoramafahrten durch San Francisco mehrspurige Autobahnen in Los Angeles. „Das ist der einzige Ort, an dem man Bucht und Meer auf einmal sehen kann", stellt Vijay auf einmal neben mir fest. „Na, hast du die Funkwelle aufgespürt? Das Beste ist, dass du dabei auf Indianerbrüsten stehst", antworte ich und versuche, ein Lachen zu unterdrücken. Wenn Vijay ein bisschen Spanisch sprechen würde, wüsste er nämlich, dass der ursprüngliche Name der Twinpeaks von „Los Pechos de la Chola", also der spanischen Bezeichnung für „Brüste des Indianermädchens", abgeleitet ist. „No signal", sagt er nur bedrückt und blickt auf die Stadt.

Am frühen Nachmittag kommen wir an die Fisherman's Wharf und flanieren mit den Touristen den Pier entlang, an dem Straßenkünstler ihre Tricks und Zaubereien vorführen und kleine Kinder mit glänzenden Augen vor den Süßwarengeschäften stehen. „Ich brauche Zuckerwatte", witzelt Alex und schleckt mit seiner Zunge an einer imaginären Zuckerbombe. Ich kann mir ein Grinsen nicht verkneifen, doch schon reiht sich Alex in eine Schlange von schreienden Jungs vor einem Candy-Stand am Pier 39 ein und kauft sich einen Zuckerteufel. Samt dem Zuckerwatte leckenden Alex folgen wir lachenden Kinderstimmen zum Treffpunkt der Seerobben am bekannten Pier, an dem die dicken, grau glänzenden Tiere faul in der Sonne auf den Anlegeplateaus liegen. Touristen lehnen sich über den Holzzaun und fallen beim Versuch, ein Foto zu schießen, fast ins Hafenbecken, während zwei dicke Seelöwen lautstark um ein Stückchen Liegefläche auf dem umkämpften Platz streiten. Die anderen Tiere dösen teilnahmslos in der Sonne vor sich hin. Alex kommt auf die glorreiche Idee, die Robben mit Zuckerwatte zu füttern. Doch bekanntlich lässt sich Watte schwer werfen, und beim dritten Versuch fällt ihm der gesamte Zucker-traum mit Stiel ins Hafenbecken.

Als wir nach Alex gescheitertem Fütterungsexperiment wieder im Auto sitzen, bekommen auch Sophia, Rose und ich Lust auf Süßes. „Die Ghiradelli-Eisdiele ist doch gar nicht so weit weg", fällt Rose ein. „Oh, ja. Das Eis ist super. Let's do it!", ruft Sophia und macht kurzerhand an der Kreuzung einen *U-Turn* mit quietschenden Reifen Richtung Eisdiele. Wir bestellen schließlich dreimal *Mint Chocolate Sundae*, und Sophia fürchtet unmittelbar um ihre Figur. „Ganz schön viele Kalorien", meint Sophia reumütig, während unsere Waf-feln mit mintgrünen Eiskugeln befüllt werden. „Ach, ein paar *love pounds* machen doch nichts aus", kommentiert Rose. „*Love pounds*?", frage ich. Noch immer kenne ich viele ame-rikanische Vokabeln und umgangssprachliche Begriffe nicht. „Wenn du dein Liebesleben mit deiner neuen Flamme ein-fach nur in vollen Zügen genießt", erklärt Sophia. „Wir ha-ben nur das Wort Kummerspeck, was übersetzt *grief bacon* lautet", erkläre ich, und Sophia lacht. „Ihr Deutschen seid echt kurios. Ihr seid solche *negative Nancies.*"

Schließlich drängt Sophia zum Aufbruch. Abends will sie sich noch mit anderen Freunden treffen. Zurück im Auto, dreht sie die Musik auf. „Leute, zum Abschluss habe ich einen richtig schönen *cheesy* Song für euch", warnt sie uns vor. „Wake me up in San Francisco … to the place that I've been dreaming of, San Francisco …" von Cascada dröhnt aus den Boxen. Und während Vijay den Song ausbuht und sich die Ohren zuhält, wiegt Sophia ihren Kopf im Takt der Musik. Ach, ich würde auch gerne über die Hügel von San Francisco kurven. Allerdings habe ich mich immer noch nicht dazu durchgerungen, meinen kalifornischen Führerschein zu machen. Nächste Woche, nächsten Monat, denke ich mir. Sophia lacht in den Rückspiegel, und ihre weißen Zähne strahlen Alex und mir entgegen. Wir jagen die steilen Straßen hinauf und hinunter, bis wir aufsetzen und Rose jedes Mal ein aufgeregter Schrei entfährt. Und sie wählt nur die abschüssigsten Straßen San Franciscos, so dass der Motor ihres alten Autos bei jedem Hügel ein bisschen lauter aufjault. Die Musik wirbelt uns um die Ohren, und Vijay und Alex singen mit. Alle Fenster sind heruntergekurbelt. Der Wind der Bucht und die goldene Abendflut der Sonne Kaliforniens streichen uns um die Gesichter und verwuscheln unsere Haare.

Streifzug:
Probieren Sie einmal!

Lieben Sie auch die Kultur des Probierens und der kleinen Portionen? Dann sind Sie in San Francisco genau richtig, denn in der Arche des Geschmacks wird einmal mehr ein amerikanischer Stereotyp widerlegt: Statt XXL-Portionen und All-you-can-eat-Angeboten finden Sie eine große Auswahl hochwertiger Gaumenfreuden aus aller Welt. San Franciscans lieben es, durch die Stadt zu flanieren und in verschiedenen Cafés und Restaurants einzukehren – oder bei einem der Food-Trucks, die jeden Mittag duftend an den Straßenecken in *SoMa* stehen, einen Snack auf die Hand zu kaufen. Selbst wenn es bei den vielbeschäftigten Internethelden schnell gehen muss und nur Zeit für ein dreißigminütiges Power Lunch bleibt, sind sie wählerisch und achten auf Vielfalt: Das bietet die kalifornische Küche zu Genüge. *California Cuisine* ist in aller Munde. Auch das Brunchen haben die Bewohner der Bay Area perfektioniert. Meine Favoriten sind das *Outerlands SF* unweit des Ocean Beach in *Outer Sunset* und das amerikanisch-mediterrane *Foreign Cinema* und die *Tartine Bakery* in der *Mission*. Falls Sie Heimweh nach Deutschland bekommen sollten, können Sie sich im Stiefeltrinken in der *Suppenküche* versuchen oder ein Bauernfrühstück im *Schmidt's* in der *Mission* genießen. Wenn Sie vor der Kalorienaufnahme ein paar Schritte gehen wollen, wandern Sie doch zum *Tourist Club – Naturfreunde* in Mill Valley – Sie werden sich wie im Schwarzwald fühlen. Selbst deutsch kochen? *Lehr's German Specialties* in *Noe Valley* ist übrigens der einzige deutsche Supermarkt in San Francisco.

„*The coldest winter I ever spent was a summer in San Francisco.*"
MARK TWAIN, AMERIKANISCHER SCHRIFTSTELLER

August
The German Loop

Dicke Regentropfen perlen am Wohnzimmerfenster herab. Sie rinnen bis auf das Sims und hinterlassen dort eine
kleine Pfütze. Ich sitze an meinem Lieblingsplatz unserer
WG: dem großen, alten Esstisch. Vor mir eine Tasse dampfenden tiefschwarzen Kaffees der *Blue Bottle Coffee Company*,
einer Kaffee-Institution in der Bay Area. Ich warte auf eine
Regenpause und muss dringend ein paar andere Besorgun-
gen machen. „Running a few errands", wie die Amerikaner
das nennen. Doch seit zwei Tagen pfeift der Wind ums Haus,
und die Fenster klappern im Takt der Sturmböen. Es ist
nebelig und kühl. Alle paar Minuten ertönt das beruhigen-
de Tuten des Nebelhorns in der Ferne, und vor dem Fenster
ziehen weitere unheilvolle Wolken von der Bucht vorbei,
die neuen Regen ankündigen. Ich wusste ja, dass der Sommer in San Francisco nebelig wird. Regen aber habe ich
nicht erwartet, und der ist für diese Jahreszeit auch vollkommen untypisch. Einen entscheidenden Vorteil hat das
Wetter allerdings: viel Zeit für unsere Start-up-Pläne mit
Healthquestion.
    Im Juni hatte Vijay mich gefragt, ob ich mit ihm ge-
meinsam *Healthquestion* aufbauen möchte, ich hatte zugesagt, und nun schreiben wir am Businessplan. Aufgrund
meiner vielen Kontakte zu Ärztekammern, Versicherungen
und Patienten kümmere ich mich um das Vermarktungs-
konzept. Eigentlich wollte ich heute potenzielle Partner an-

schreiben und mit Vijay das neue Layout der Website besprechen. Auch hatte ich mir bereits seit Tagen vorgenommen, zu überlegen, wie die unterschiedlichen Angebote für Versicherungspartner, Ärzte- und Patientengruppen aussehen könnten. So weit die Theorie. Praktisch sieht es jedoch so aus: Ich setze mich an mein MacBook, drücke auf „Start" und denke an Nick. Wer glaubt, dass kalifornische Männer leicht zu handhaben sind, hat sich mächtig geschnitten. Seit unserem nächtlichen Streit hat sich die Harmonie verabschiedet. Und viel schlimmer noch: Nick hat zum Gegenschlag angesetzt, er entdeckte seine Liebe für das Klettern wieder und fährt am Wochenende mit seinen Kumpels in die Kletterhalle *Mission Cliffs* oder an die Felshänge des Mount Shasta außerhalb von San Francisco. Unsere Beziehung – wenn man es überhaupt so nennen kann – plätschert vor sich hin, wirklich optimistisch bin ich nicht. Doch anstatt mich damit auseinanderzusetzen, fahre ich lieber die Verdrängungsstrategie. Ganz bestimmt wird schon wieder alles gut – schließlich habe ich doch in den USA gelernt, die Dinge möglichst positiv zu sehen.

„How is it going?" Die Wohnzimmertür geht auf und Charles steht verschwitzt im Türrahmen. „Viel zu tun", antworte ich knapp. Charles wirft seine Sporttasche im Flur auf den Boden. Ein leichter Schweißgeruch weht zu mir herüber, als er an mir vorbei in die Küche geht. Dort wirft er lautstark den Mixer an, um sich einen Eiweißdrink zuzubereiten. Die Proteinschleuder röhrt auf voller Lautstärke. „Ich hab heut Abend ein kleines Winetasting hier!", ruft er. Dann ein klirrendes Geräusch. Kurze Pause. „Mmh, tasty", schmatzt Charles. „Du bist natürlich herzlich eingeladen." – „Danke, das ist lieb, aber für heute bin ich raus. Ich habe noch so viel zu tun. Meine Familie kommt doch am Wochenende." – „Alles klar. Familie geht immer vor. Dann störe ich dich mal nicht weiter."

Meine Mutter und meine Tante haben sich für einen Besuch angekündigt, und ich kann es kaum erwarten, die beiden hier zu empfangen. „Wenn du doch dazukommen magst, sehr gerne", fügt Charles hinzu. „Vielen Dank – ich gebe dir Bescheid", sage ich und hätte wirklich Lust. Dass Charles und ich uns einmal so gut verstehen würden, hätte ich bei unserer ersten Begegnung auf dem Hausdach nicht erwartet. Man kann meinen Mitbewohner als waschechten San-Francisco-Lebenskünstler bezeichnen – der zugegebenermaßen seinen Traum erfolgreich in die Tat umgesetzt hat. „Ich bin in der Bay Area aufgewachsen, aber dann mit achtzehn nach New York gegangen. Dort habe ich als DJ ein paar Jahre aufgelegt. Als es mir zu viel wurde, habe ich auf Koch umgeschult. Na ja, und schließlich lag das mit der Weincompany ziemlich nah – Weine haben mich schon immer fasziniert", erzählte er mir kurz nach meinem Einzug bei unserem ersten gemeinsamen Abendessen. Solch ein sprunghafter Lebenslauf, wie Charles ihn hat, ist für viele Kalifornier völlig normal; im sich immer wieder neu erschaffenden San Francisco, das sich – wie Phönix aus der Asche – selbst aus der Misere zieht, sowieso. Vom Unternehmensberater zum Koch, vom Inhaber eines Friseursalons zum hippen Restaurantbesitzer oder vom Obdachlosen zum Schriftsteller und Papageien-Mann – kein Problem! Letzteres hat Mark Bittner, bekannt als der *Parrot Man* und Autor des Bestsellers „The Wild Parrots of Telegraph Hill", eindrucksvoll bewiesen.

Die Tage bis zur Ankunft meiner Familie vergehen schnell. Fast zu schnell. Denn als mir Samstagnachmittag bewusst wird, dass sie heute Abend eintreffen, ist unser Kühlschrank komplett leer. Auch mental bin ich noch nicht so wirklich für Mom und Tante Rita gerüstet, obwohl die beiden mich bereits seit Wochen auf ihre Ankunft vorbereiten. Mit Mails,

Anrufen und SMS haben sie mich mit ihren Fragen zur bevorstehenden Kalifornienreise gelöchert. Mein Vater sagte, dass die beiden über gar nichts anderes mehr sprechen würden.

Nachdem ich den ganzen Samstag damit verbracht habe, Betten zu beziehen, zu putzen und aufzuräumen, klingelt es. Durch den kleinen Bildschirm unserer Türanlage sehe ich das aufgeregte Gesicht meiner Mutter. Dahinter Tante Rita, die wild-fuchtelnd mit der Kamera in der Hand vor dem Zaun hin- und herrennt. Und dahinter ein phänomenaler Blick auf die Bucht von San Francisco. „Hallo, Schatzi, wir sind es. Machst du uns auf?" Voll bepackt stehen die beiden ein paar Minuten später in der Wohnungstür. „Anscheinend ist euer Aufzug kaputt", hechelt mir Tante Rita entgegen. Wir mussten ... puuuuh ...", sie stöhnt, „... alle Koffer hochschleppen." Gut möglich, dass der Aufzug mal wieder versagt, die Bauweise und Funktionalität der Häuser in der Stadt entspricht eher den Standards aus den Sechzigerjahren. Charles scherzt hin und wieder, viele Vermieter würden mit der Renovierung lieber bis zum nächsten Erdbeben warten – dann würde es sich wenigstens lohnen. Ich nehme die schweren Koffer und Taschen in Empfang. Über Ritas kräftigem Busen wippt die große neue Spiegelreflexkamera. Rita lächelt glücklich und schließt mich in ihre Arme. Dann ist meine Mutter dran, ich verberge meine Nase in ihren Haaren und rieche Heimat, unser Haus und ihr Shampoo. Ich drücke ihr einen dicken Kuss auf die Wange.

„Kommt rein. Schön, dass ihr da seid." Am liebsten würde ich anfangen zu weinen. Es tut so gut, endlich einmal wieder mit Menschen zusammen zu sein, mit denen ich mein ganzes Leben lang schon eng verbunden bin, mit denen ich viele Erlebnisse und Stunden geteilt habe und deren Reaktionen und Verhaltensweisen ich fast sekundengenau voraussagen kann. So wie jetzt. Kaum hat Rita ihren

Fuß in der Tür, inspiziert sie schon kritisch den Türrahmen, klopft gegen die Wand und behauptet, diese Bauweise dürfe so eigentlich nicht zugelassen werden – wenn das ein deutscher Bauherr sähe ... Meine Mutter hingegen schaut mich nur an, und fast ein bisschen vorwurfsvoll bemerkt sie: „Kind, du siehst ja soo amerikanisch aus – fein geschminkt und sogar die Nägel gemacht. Aber dich aus dem Jogginganzug zu pellen, das hast du wohl nicht mehr geschafft." Ein schneller Blick in den Spiegel, und ich gebe ihr recht. „Sorry, ich habe in der Putzeuphorie komplett vergessen, mich umzuziehen", antworte ich, doch da strömen Rita und Mom (irgendwie hatte ich mir von Charles das amerikanische „Mom" abgeguckt) auch schon durch die Wohnung wie Ameisen bei der Arbeit, rufen „ah" und „oh" und „och – wie schön" und verteilen innerhalb kürzester Zeit ihre Habseligkeiten in meinen vier Wänden auf den Hügeln San Franciscos.

„Hanni, jetzt hab ich es ganz vergessen." – „Was denn?" – „Wir haben dir doch noch etwas mitgebracht. Du kriegst doch hier bestimmt nur Pommes und Burger." Meine Mutter breitet ihre Mitbringsel aus: ein Paket Schwarzbrot, eine Tüte Gummibärchen, hauseigene Himbeermarmelade, zwei Packungen Kekse und die Zeitschrift BUNTE. „Lediglich die hausgemachte Leberwurst von Peters Schweinen durften wir nicht einführen", sagt sie leidvoll. Ich bin allerdings ganz froh darüber, denn dieser grobstückigen Wurst meines Onkels konnte ich noch nie etwas abgewinnen.

Nun also Familienglück: Ein paar gemeinsame Tage haben wir in San Francisco, dann gehen die beiden alleine auf Tour. Genauer gesagt, sie reisen auf den Spuren ihrer deutschen Landsleute, dem *German Loop*. Damit bezeichnen die Amerikaner die klassische Reiseroute der Deutschen entlang der amerikanischen Westküste, die mit ihren Stationen in Nord- und Südkalifornien und den Highlights von

Nevada der Form eines Kringels sehr nahekommt. Für heute allerdings fällt mein Besuch nach der anstrengenden Anreise und einer Flasche Rotwein, die Charles uns noch kredenzt hat, schon um zehn Uhr ins Bett. Wenig später schließe ich mich an und mache es mir, so gut es eben geht, auf Charles Luftmatratze im Wohnzimmer gemütlich.

Mitten in der Nacht werde ich von lauten Geräuschen geweckt. Schlaftrunken schlüpfe ich in meine Hausschuhe, ziehe mir einen Pulli über und schlurfe in mein Zimmer. Da sitzen Rita und Mom zwischen ihren Koffern und Klamotten und gackern vor sich hin. „Oh, Herzchen, waren wir zu laut? Deine Mutter hat aber auch so ein Organ." Typisch Rita, das macht sie gerne, die Schuld auf andere schieben. „Wir konnten nicht mehr schlafen und haben uns ein bisschen sortiert", ergänzt Mom. „Leise seid ihr nicht gerade!" Dann fällt mein Blick auf den farbenfrohen Klamottenberg, der sich zwischen den beiden auftürmt: leichte Sommer-Shirts, kurze Hosen, ein paar Röcke. „Mom, sind die paar Kleidchen alles, was ihr dabei habt?" Rita mustert gewissenhaft die Naht eines lachsfarbenen Rocks. „Na ja, so gut wie. Es ist doch Sommer", entgegnet meine Mutter. Und zu Rita gewandt: „Du, bei dem hier scheint sich die Naht aufzulösen. Noch ein Grund mehr, dass wir in eine dieser Shopping-Malls fahren."

Wenn das Wetter nicht mitspielt, dürften die beiden sogar gezwungen sein, sich in den Shopping-Malls mit ein paar warmen Pullis einzudecken. Habe ich ihnen nicht gesagt, dass San Francisco die niedrigste sommerliche Durchschnittstemperatur aller amerikanischen Städte außerhalb Alaskas hat? „Ihr könnt froh sein, dass ihr nur ein paar Tage in San Francisco verbringt, denn hier gilt das Zwiebelprinzip." Sie hatten mich nach allem gefragt: ob sie mit Traveller-Schecks zahlen können (ja), ob sie mit ihrem Führerschein in Kalifornien fahren dürfen (ja), ob Rita im Meer schwimmen könne (besser nicht). Aber welche Temperaturen hier durchschnittlich herrschen, das ist ihnen anscheinend entgangen. In San Francisco herrscht eben nicht jenes milde und warme Klima, das die Deutschen aus Los Angeles oder San Diego gewohnt sind. Weil San Francisco von fast von allen Seiten vom Meer umgeben ist und immer ein ordentlicher Westwind weht, ist die Stadt konstant mit einer kühlen Brise gesegnet. Sobald die Sonne verschwindet, kann es sehr kühl werden, und obwohl San Francisco klein ist, können die Temperaturen in unterschiedlichen Stadtteilen stark variieren. In den westlichen, flach gelegenen Vierteln wie *Sunset* und *Richmond* liegt oft dichter Nebel. *Fog City* ist hier eine weitaus trefflichere Beschreibung, als es für die östlicheren Teile in *Noe Valley, Castro* und *Mission* der Fall ist, in denen es auch immer ein paar Grad wärmer ist.

„Fünf Uhr! Wollt ihr nicht wieder ins Bett gehen?" Aber Rita und Mom sind viel zu fit, als dass sie sich wieder schlafen legen könnten. Fleißig sortieren sie weiter ihre Klamotten und studieren die auf dem Boden ausgebreitete Landkarte. „Wir planen gerade die Stationen unseres Kalifornien-Trips", sagt Mom. „Okay, Ladys – das müsst ihr um diese Zeit ohne mich machen. Weckt mich gerne, wenn es hell wird, dann zeige ich euch die Stadt."

Irgendwann werde ich vom Duft frischen Kaffees und dem Summen meiner Mutter geweckt. Draußen geht langsam die Sonne auf. Ein Blick auf den Wecker verrät: Es ist noch nicht einmal sieben Uhr. Doch ich raffe mich auf, schließlich habe ich nicht alle Tage hohen Besuch aus Deutschland. Außerdem könnte ich die Chance nutzen, die beiden zum Frühstück ins *Mama's* am Washington Square einzuladen. Wenn man einen Tisch kriegen möchte, muss man Frühaufsteher sein – schon ab sieben Uhr morgens bilden sich dort lange Warteschlangen, so beliebt ist das Restaurant.

Unser halbstündiges Warten vor dem *Mama's* lohnt sich allerdings. Eine der Spezialitäten des Restaurants ist das traditionelle Frühstücksgericht *Dungeness Crab and Spinach Benedict,* bestehend aus pochierten Eiern auf Brot mit Sauce Hollandaise, in Kombination mit frischem Spinat und Krabben. Danach geht es ab in die nähere Umgebung in *North Beach.* Wie von Mom gewünscht, machen wir uns am Nachmittag auf zum Lincoln Park und besuchen das Kunstmuseum *Legion of the Honor* im Westen San Franciscos. Immer ist es ein Kunstmuseum, das meine Mutter als Erstes besuchen möchte. Dadurch könne sie sofort die Seele einer Stadt erspüren, so ihre feste Überzeugung.

Mal sehen, ob das gelingt. Denn die Kunstszene San Franciscos drückt sich in einer Vielfalt von kulturellen Einflüssen und Farben aus. In den Galerien wie der *Robert Koch Gallery* oder der *Jack Fischer Gallery* im Theaterviertel entlang der Geary Street sind hochpreisige, moderne Kunstgegenstände zu finden. Auch in *SoMa* gibt es eine Vielzahl zeitgenössischer Kunstausstellungen, etwa die *New Langton Arts* oder die *MM Galleries.* Die *Mission* lockt hingegen mit solch ausgefallenen Angeboten wie *Creativity Exploded*, einer Galerie, die Werke von körperlich behinderten Künstlern ausstellt, oder *Southern Exposure*, einer gemeinnützigen Ausstellung, dank derer bereits einige junge Künstler entdeckt worden sind. Doch meine liebste Kunst ist die der Straße: In *Chinatown* finden sich in einer kleinen Seitenstraße zum Beispiel Street-Art-Malereien des bekannten Graffiti-Künstlers Banksy. In der *Mission* hingegen faszinieren mich immer die beeindruckenden Wandmalereien auf der Balmy Alley und Clarion Alley. Nicht zu vergessen die Lebenskunst der San Franciscans, die sich in der Art darstellt, wie Menschen sich kleiden, ihre Häuser gestalten und ihre Autos schmücken.

„*Legion of the Honor* werdet ihr mögen! Es ist sehr europäisch, und ihr habt einen tollen Blick auf die Golden Gate Bridge", bereite ich die zwei Damen vor. „Außerdem, Rita", füge ich hinzu, „gibt es da sogar die Seerosen von Monet." – „Ach, wie wunderbar – die liebe ich doch so. Wie oft ich schon versucht habe, sie nachzumalen." Und wie oft ist sie damit kläglich gescheitert! Nach einer Tour durch die Schätze des eindrucksvollen Marmorpalastes und der Suche nach der Seele San Franciscos fahren wir weiter zum Point Lobos, dem Seelöwenpunkt. Rita, die mittlerweile friert, ist auffällig schweigsam geworden. „Gleich wird es wärmer. Im *Cliff House* bekommt ihr eine heiße Schokolade", versuche ich, die Stimmung zu heben, doch ich ernte nur müde Blicke. „Und einen tollen Ausblick!" Denn das *Cliff House* am Ocean Beach im Westen der Stadt eröffnet einen weiten Blick aufs blau schimmernde Meer und die Felsvorsprünge des Seal Rocks, auf dem die speckigen Seelöwen faulenzen. „Rita, Seelöwen sind doch sonst immer etwas für dich", versuche ich sie zu ködern. Und siehe da: „Oh, herrlich. Das ist einer der schönsten Ausblicke! Toll, toll!", schreit Rita uns ganz aufgeregt zu, nachdem sie statt einer heißen Schokolade doch lieber einen Kaffee mit Schuss bestellt hat. Innerhalb kürzester Zeit ist sie wieder aufgewärmt sowie gut gelaunt und hopst mit ihrer Kamera vor dem Panoramafenster herum.

Bis Dienstag sind Mom und Rita noch bei mir. Während ich im Büro arbeite, marschieren sie den *Embarcadero* entlang, die beliebten Landungsbrücken mit Blick auf die Bucht. Und während ich E-Mails schreibe, verfassen sie Postkarten im Ferry Building und genießen den Ausblick von der von Palmen und Restaurants gesäumten Promenade. Vor 1989 wäre das nicht möglich gewesen, denn bis zum Loma-Prieta-Erdbeben befand sich dort, wo das heutige *Embarcadero* verläuft, noch eine mehrspurige Autobahn. Nach der

Katastrophe hat man die Zeit um mehrere Jahre zurückgedreht, und heute tuckern dort statt schneller Autos die nostalgischen Street Cars.

Das gesamte *Embarcadero* ist flach angelegt, und so laufen die beiden sogar bis zum Pier 39. Und abends erzählen sie begeistert von all den Snacks, die sie getestet haben: *Clam Chowder* und *Dungeness Crab*, chinesische Frühlingsrollen und *Crab Louis Salad, Irish Coffee* und chinesische Glückskekse. Lediglich die *Clam Chowder*, die bekannte dickflüssige Muschelsuppe, die in einem ausgehöhlten Laib Brot, dem *Sourdough Bread*, serviert wird, bekommt Rita nicht ganz, abends hängt sie über der Toilettenschüssel. Meine Mutter ist besorgt: „Eigentlich hat sie einen Saumagen. Aber vielleicht hätte sie nicht das komplette Brot essen sollen. Ich habe meines an die Möwen verfüttert." – „Morgen ist sie bestimmt wieder fit", beruhige ich meine Mutter, und Charles verordnet Rita einen ordentlichen Digestif aus unserer Mini-Bar, den sie dankend annimmt.

Meine Familie – für ein paar Tage ein Stückchen Heimat in der Ferne! Doch am Mittwochmorgen verlassen die beiden San Francisco wieder, und kaum haben sie die Tür hinter sich zugezogen, vermisse ich sie bereits. Zu gerne hätte ich sie auf ihrem Trip begleitet, aber mein begrenzter amerikanischer Urlaub lässt das einfach nicht zu. Mit zwei Wochen im Jahr und zehn sogenannten *sick days*, die man in Anspruch nehmen darf, wenn man wegen einer Krankheit ans Bett gefesselt ist, muss ich genau überlegen, wann ich meine Urlaubstage einlöse. Auch Rita und Mom vermissen mich während ihres Trips. Regelmäßig erhalte ich Anrufe und E-Mail-Updates. „Eine unvergesslich schöne Tour", bestätigt Mom schon nach drei Tagen am Telefon. Ihre Reiseroute geht von San Francisco aus Richtung Yosemite Nationalpark bis nach Las Vegas. Nach einem Abstecher in den beeindruckenden Grand Canyon National Park wollen sie weiter nach San Diego, um in *Seaworld* die Kunststücke der Delphine zu bestaunen. Auch Hollywood darf auf der Route nicht fehlen. In Los Angeles bleiben sie drei Tage und fahren danach die Küste wieder hinauf bis zu mir nach San Francisco. Auf dieser circa achtstündigen Strecke den Highway 1 entlang liegen sehenswerte Stopps in Santa Barbara, Big Sur, beim 17-Mile-Drive und Carmel-by-the-Sea. Das letzte Wochenende von Mom und Rita wollen wir dann mit einem gemeinsamen Tagesauflug in die nah gelegenen Weinanbaugebiete Sonoma und Napa Valley ausklingen lassen.

Nach ihrem Aufenthalt im Yosemite-Park erhalte ich Post:

„Meine liebe Tochter,

am Sonntag haben wir uns auf unsere Sequoia-Tour begeben. Der gut dreißig Meter große Grizzly-Giant-Baum hat mich sehr beeindruckt. Er ist um die 2000 Jahre alt und sogar größer als die Freiheitsstatue. Rita hat ein bisschen Probleme mit der hohen Lage hier, denn der Park befindet sich circa 1800 Meter über dem Meeresspiegel, aber das ist wohl eine notwendige Bedingung für das Wachsen der Sequoias. Wie du auf dem Foto sehen kannst, ist Rita sehr angetan von den Bäumen. Sie ist bester Laune und scherzt, dass ihr immer noch die *Clam Chowder* quersitzt.

Bis bald in Sonoma, deine Mutter"

Und natürlich hat sie auch das übliche Zitat nicht vergessen. So machte sie es früher schon immer in ihren handgeschriebenen Briefen:

„No synonym for God is so perfect as Beauty (Kein Synonym für Gott ist so perfekt wie die Schönheit)!"

Mir gefällt das Zitat von John Muir fast besser als das zugegebenermaßen amüsante Bild von Rita, auf dem sie samt

Brotstulle im Mund den Grizzly Giant Sequioa umarmt. Der Naturforscher John Muir gilt als „Vater der Nationalparks", und er war derjenige, der den damaligen Präsidenten Theodor Roosevelt nach einer mehrtägigen Tour durch den Yosemite-Park von der enormen Bedeutung des Landschaftsschutzes und dem Aufbau der Nationalparks überzeugte. Wie viele Menschen wohl schon vor Rita den Baum so umarmt haben?

Während ich die Mail meiner Mutter lese, werde ich fast ein bisschen neidisch. Denn als ich im Frühjahr mit Sophia und Mari Carmen den Yosemite Nationalpark besuchte, lag so viel Schnee, dass wir einige der Redwoods gar nicht sehen konnten. Bereits im letzten Ort vor dem Parkeingang in Mariposa herrschte heftiges Schneewehen, und keine zwei Meilen weiter mussten wir Schneeketten kaufen. „Habt ihr eine Idee, wie man die Dinger aufspannt?", fragte Mari Carmen. Nein, natürlich nicht. Drei Frauen im verschneiten Nationalpark! Es kostete uns zwei Stunden und die Finger waren uns fast abgefroren, bis wir die wichtigen Helfer montiert hatten. Den Rest des Ausflugs versuchten wir im meterhohen Schnee die Redwood-Bäume ausfindig zu machen und bibberten um die Wette.

Freitagabend: Komplett erschöpft von der Woche komme ich nach Hause. Mom und Rita sind weiter auf großer Tour, und ich habe die ganze Woche über viel Zeit mit Vijay verbracht. Während er die Website verbessert und mit Hilfe von Alex das Web-Design weiterentwickelt, stelle ich den Kontakt mit einigen Ärzten und Versicherungsgruppen her. Für heute steht gemeinsames Kochen mit Charles auf der Tagesordnung. „Sag mal, Sonntag wolltest du doch mit deiner Mom und deiner Tante nach Sonoma und Napa Valley, oder?" – „Ja, ich hatte nur leider noch gar keine Zeit, ein paar gute Kellereien auszusuchen. Tante Rita hat am Sonntag auch noch Geburtstag." – „Ich kann euch gerne fahren und ein bisschen was zeigen. Das ist ja meine Welt", bietet Charles an. „Wirklich? Das wäre total cool. Vielen Dank!" Insgeheim habe ich zwar gehofft, Nick würde mitkommen, aber wieder mal ist er für ein Kletterwochenende ausgeflogen und anscheinend wenig darauf erpicht, meine Familie bei einer Tour durch rebenbedeckte Berge und einladende Weinkellereien kennenzulernen. Vor ein paar Tagen waren wir abends gemeinsam essen, doch er wirkte einsilbig und abgelenkt – irgendwie seltsam. Also muss Charles herhalten.

Ganz zur Freude von Rita, denn sie kann ihn sehr gut leiden. Am Sonntagmorgen quetschen meine Mom und ich uns auf die Rückbank von Charles schwarzem Mini, das Geburtstagskind steigt vorne ein. Meine Mutter und ich grinsen uns geheimnistuerisch an – schließlich steht Rita noch eine kleine Geburtstagsüberraschung bevor. Doch Rita ist auch ohne Überraschung schon völlig aus dem Häuschen und knipst aufgeregt ein Foto nach dem nächsten aus dem heruntergekurbelten Autofenster. „Wann wirst du bitte je wieder alle diese verwackelten Fotos von bunten *Victorians* anschauen?", fragt Charles schmunzelnd, und Rita wirft ihm nur ein mildes Lächeln zu, während sie ihren Zeigefinger bereits wieder auf den Auslöser drückt. Die Stadt liegt hinter uns, und als wir gerade auf die mächtige Golden Gate Bridge auffahren, da stimmen Charles, Mom und ich an: „Happy birthday to you, happy birthday to you! Happy birthday, dear Rita ..." Rita strahlt übers ganze Gesicht. „Ach, ihr seid so süß!" Meine Mutter zaubert einen kleinen Piccolo-Sekt aus ihrer Tasche, reicht ihn Rita und ruft: „To you, Rita!" Die ist mächtig gerührt. Eine dicke Träne kullert über ihre Wange, während hinter ihr im Fenster die orangefarbenen Stahlseile der Brücke vorbeizischen. Am Nordende der Brücke biegt Charles rechts zum Vista Point ab, an dem wir gemeinsam mit Sekt anstoßen, Rita ihr Geburtstagsgeschenk überreichen und über die märchenhaften Hügel auf die Skyline von San Francisco blicken. „Ach, Schatz! Ich bin so froh, dass ich auf meine alten Tage so etwas noch einmal erleben darf", schluchzt Rita gerührt, während sie zwischen Mom und mir steht und wir für ein Familienfoto vor Charles posieren. „Also, bitte! Mit 55 fängt das Leben doch gerade erst an", ermahne ich Rita amüsiert, und Charles hält das Geburtstagsglück per Foto fest, bevor es weiter in Richtung des Weinanbaugebiets nordöstlich von San Francisco geht.

Nach einem Stopp auf dem idyllischen Silverado Trail im Napa Valley halten wir gegen Mittag an einem alten Weingut auf der Old Winery Road im beschaulichen Sonoma Valley. Auf der Terrasse genießen wir Oliven, Baguette und kalifornischen Rotwein. Und Charles gibt sich alle Mühe, den Wissensdurst von Tante Rita und meiner Mutter zu stillen. „This is a Californian Zinfandel. Can you taste the cinnamon and black pepper?" – „Sun and moon and black papa?" Rita ist etwas irritiert, die englischen Bezeichnungen für Zimt und Pfeffer sind ihr nicht geläufig. Aber nach dem dritten Glas Wein ist Rita das sowieso egal. Sie konzentriert sich vielmehr auf die Imitation der Schlürflaute, die Charles ihr als professioneller Sommelier beizubringen versucht. Abends kehren wir in einem urigen Lokal im Napa Valley ein, und Mom und Tante Rita erzählen vom Wein beflügelt von ihren Reiseerlebnissen mit Seerobben in San Francisco, Delphinen in San Diego und Rehen im Yosemite Nationalpark. Ich merke erst jetzt, wie Kalifornien-infiziert sie mittlerweile sind. „Wenn ich noch mal so jung wäre wie Hanni, ich würde es ganz genauso machen", sagt Rita in brüchigem Englisch. „In Deutschland ist doch alles komplett durchreguliert. Kein Bleistift ohne DIN-Norm. Kein Fahrradfahrer ohne Helm. Und der Ladenschluss ist heilig", fügt sie auf Deutsch hinzu. „Ja, genau. Und es herrscht so eine Art

Lethargie des alten Europa", ergänzt Mom. „Ja, deine Mutter. Als sie so alt war wie du, da wäre sie auch mit wehender Mähne und der Freiheit der Jugend über die Golden Gate Bridge gefahren", sagt Rita. „She was a hot lady", ergänzt sie dann in Richtung Charles.

Auf dem Weg nach Hause schlafen Rita und Mom glücklich und zufrieden auf dem Rücksitz. Ich bedanke mich bei Charles für den gelungenen Geburtstagsausflug. „Keine Ursache – sehr gerne. Wolltest du eigentlich nicht auch bald deinen Führerschein machen?", fragt er beiläufig. Stimmt, seit Wochen schiebe ich die amerikanische Fahrprüfung auf. „Ja, die werde ich Anfang September machen", nehme ich mir vor. Doch dann ruft Alex während der Autofahrt an und ich muss meine Pläne noch einmal verschieben.

Streifzug:
Zeigen Sie Ihren Besuchern entlegene Orte!

Ihre Besucher haben den *German Loop* hinter sich und wollen noch mehr sehen? Dann zeigen Sie ihren Gästen doch die weniger bekannten Sehenswürdigkeiten der Stadt: Suchen Sie im Park von *Presidio* nach der „Natur-Kunst" des Briten Andy Goldsworthy, dessen Werke man zwischen den alten Eukalyptusbäumen beinahe übersieht. Ein Outdoor-Museum der etwas anderen Art gefällig? Im Schuhgarten am Alamo Square können Sie ausrangierte Treter liebevoll bepflanzen und ihre Schuhe zwischen Baumstümpfen und Blumentöpfen für immer zurücklassen. Sie haben Kinder zu Gast? Der Spielplatz mit dem wohl besten Ausblick auf die Stadt befindet sich im Alta Plaza Park in *Pacific Heights*. Geheimtipps für abends? San Francisco verfügt über mehrere versteckte *Speakeasy-Bars*, Treffpunkte, in denen während der staatlichen Alkoholprohibition zwischen 1919 und 1933 trotzdem still und heimlich getrunken werden konnte. Mein Favorit ist das *Bourbon & Branch* an der Grenze zum *Tenderloin*. Die „Flüsterkneipe" besitzt eine versteckte Tür in der Form eines alten Bücherregals, die Ihnen das Tor zu einer weiteren geheimen Bar eröffnet, dem *Russells Room* – ganz wie Great Gatsby in den *Roaring Twenties*! Eine Speakeasy-Brauerei namens *Speakeasy-Ales & Lagers* finden Sie auf der Evans Avenue in *Bayview* – mitten in einem Industrieviertel und von außen sehr leicht zu übersehen. Keine offizielle Speakeasy-Location, aber mindestens genauso versteckt ist die *Hidden Vine Bar* auf der Merchant Street im *Financial District* mit Boccia-Bahn im Hinterhof.

„There may not be a heaven, but there is a San Francisco."
ASHLEIGH BRILLIANT, ENGLISCHE AUTORIN UND CARTOONISTIN

September
Driving me crazy

„Hat es dir gefallen?", fragt mich Alex auf dem Rück-
weg von Nevada. Mittlerweile hat auch er sein Kostüm abgelegt, und auch meine Glitzerflügel sind bereits im Kofferraum verstaut. Die letzten Tage waren zu kunstvoll, als dass
man sie in Worte fassen könnte. „Ich habe mich gefühlt wie
Alice im Wunderland", sage ich schließlich und lächele ihn
an. Nach vier Tagen *Burning Man* geht es zurück nach San
Francisco. Die Reise in die sandige Fantasiewelt ist kurz
und intensiv und etwas ganz Besonders gewesen.

Als ich gerade mit meiner Familie und Charles auf dem
Weg zurück von *Sonoma* war, hatte Alex mich angerufen.
Eine Freundin von ihm sei kurzfristig abgesprungen. „Möch-
test du zum *Burning Man* mitkommen? Wir haben einen
Platz frei." – „Na, klar. Das lasse ich mir doch nicht entgegen." Der *Burning Man*, das wohl ausgefallenste Festival der
Lebenskunst mitten in der Wüste von Nevada. In der Black
Rock City, in einem ausgetrockneten Sandsee 150 Kilometer
nordöstlich der Stadt Reno, wird jedes Jahr zwischen Ende
August und Anfang September für acht Tage eine Traum-
oase erschaffen. Circa 50 000 Menschen kommen zusammen, um sich selbst zu verwirklichen, um sich künstlerisch
auszudrücken, das spirituelle Gemeinschaftserlebnis zu erfahren oder einfach nur, um ungehemmt zu feiern. Monatelang bereiten sich die Teilnehmer, die *Burner*, auf das Festival vor und bauen in liebevoller Handarbeit ausgefallene

Skulpturen und Kunstwerke auf Rädern, Art Cars genannt, die sie dann auf der *Playa* zur Schau stellen. *Playa* nennt sich die Stadt aus Camps, Zelten und *Art Cars*, die im Halbkreis um die vierzig Meter hohe Holzfigur, den *Burning Man*, angelegt wird, der am Ende des Festivals verbrannt wird. Während des Festivals wird außer Eis und Kaffee nichts verkauft, und so muss sich jeder Teilnehmer selbst versorgen können oder vor Ort in der Wüste mit anderen *Burnern* in Tauschhandel treten. Der Ursprung des schillerndsten Kunst- und Kulturfestivals der Welt geht auf ein schmerzhaftes Ereignis zurück. Larry Harvey ließ 1986 am Baker Beach in San Francisco im engsten Freundeskreis eine Strohpuppe in Flammen aufgehen: als Ausdruck des Schmerzes über den Krebstod seiner Frau. Seitdem wurde der Brauch jedes Jahr zur Sommersonnenwende wiederholt. Als schließlich über fünfhundert Menschen daran teilnahmen, verbot die Stadt das Verbrennen der Figur am Strand, und das Festival wurde kurzerhand in die Wüste von Nevada verlegt.

Alex hatte mit Freunden mehrere Monate daran gebastelt, einen alten Bus in einen überdimensionierten Einkaufswagen zu verwandeln. Nur um damit einige Stunden mit uns über die *Playa* zu fahren. Neben uns winkten die *Burner* aus den kunstvoll gestalteten Wagen: bunte Fabelwesen, leuchtende Kutschen, glitzernde Fische mit weit geöffneten Mäulern, in denen die *Burner* tanzten; oder Ufos, aus denen blecherne Technobeats in die Wüste schallten. In unserer letzten Nacht haben wir die schimmernden Laternen an unserem Art Car angeschaltet und bis tief in die Nacht auf dem Wagen getanzt. Nie ist mir eine Kunst- und Kulturerfahrung stärker unter die Haut gegangen: der Sonnenaufgang in der Wüste, diese Spontaneität, wenn du mit anderen *Burnern* Theatergruppen und Bands gründest, oder wenn jemand deine Hand hält, während du weinend das Verbrennen der Holzstatue betrachtest.

Nun ist alles vorbei, wir fahren wieder nach San Francisco, im Kofferraum die Abfälle der letzten Tage, denn in der Wüste darf nichts zurückgelassen werden. Zurück in der WG werfe ich die Müllsäcke weg, erzähle Charles von dem exotischen Trip und falle so früh ins Bett, wie schon lange nicht mehr. Die Wüste hat mich geschafft, und ich habe einiges an Schlaf nachzuholen! Am nächsten Morgen muss ich mich erst wieder daran gewöhnen, nicht im Zelt unter dem Wüstenhimmel, sondern in meinem Bett zu liegen. Doch so fantastisch und einzigartig der Ausflug in die bunte Parallelwelt auch gewesen ist: Der Alltag geht weiter, und das heißt für mich heute: theoretische Fahrprüfung.

So stehe ich ein paar Stunden später im DMV, dem *Department of Motor Vehicle*, das sich im Stadtteil *North of Panhandle* unweit des Golden Gate Parks befindet, und beantworte andächtig die 35 Multiple-Choice-Fragen auf meinem Prüfungsbogen, die nicht allzu sehr von denen eines deutschen Theorietests abweichen. „Okay, let me see your test results!" Ich reiche dem mexikanisch aussehenden Herrn hinter dem Schalter des DMV meinen Zettel und beobachte gespannt, wie er meinen Bogen mit den richtigen Antworten abgleicht. Maximal sechs Fehler darf man sich leisten. Doch selbst, wenn es beim ersten Anlauf nicht klappen würde, wäre das gar nicht so schlimm. Schließlich kann man die Prüfung direkt im Anschluss, das heißt am selben Tag, noch bis zu dreimal wiederholen, was mir etwas Mut macht. Der Prüfer entdeckt nun die ersten drei Fehler und macht dicke, blaue Striche auf meinen Bogen. „Miss?" Er schaut mich fragend an. „Sie haben fünf von sechs Fehlerpunkten und damit gerade noch bestanden." Perfekt – das reicht mir allemal. Er hält mir einen Zettel hin, auf dem eine vorläufige Führerscheinnummer steht und mit der ich bis zum offiziellen Prüfungstermin bereits schon Auto fahren darf. Freudestrahlend und stolz verlasse ich das Gebäude des DMV, und in mir steigt das Gefühl auf, dass ich mit dem Erwerb dieser Nummer wieder ein kleines Stückchen mehr heimisch geworden bin. Wenn ich noch die praktische Prüfung in ein paar Wochen bestehe, dann steht spektakulären Kalifornien-Roadtrips nichts mehr im Wege.

Ein paar Tage nach der Theorieprüfung bin ich mittags mit Nick in *SoMa* zum Essen verabredet. Ich habe mir extra ein kleines gemütliches Café von Sophia empfehlen lassen: *The Butler and The Chef.* Ich will endlich mit Nick reden und habe keine Lust mehr auf diese seltsamen Spielchen, die schon seit Wochen nicht enden wollen. Doch gegen zehn Uhr, ich bin gerade in einem Meeting, schreibt mir Nick eine SMS: „Hanni, I am sorry. I can't make it. I had some changes in my schedule." Wie soll ich aus Nick nur schlau werden? Manchmal meldet er sich mehrere Tage nicht, nur um mich dann innerhalb eines einzigen Abends mit einer Lawine von SMS zu überschütten. Dann sehen wir uns fast jeden Tag, und alles ist gut, bis er wieder für einige Tage untertaucht: im Job, beim Klettern, mit seinen Kumpels. Ich verstehe ihn einfach nicht.

Zum Glück springt Alex ein, der sich gerne die Mittagspause für mich freischaufelt. Sein Designbüro hat er unweit von Nicks Start-up am South Park, einer kleinen verschlafenen Grünanlage, versteckt inmitten der Fabrik- und Lagerhallenatmosphäre von *SoMa*. „He is such a flake", mache ich meinem Ärger über Nicks Unzuverlässigkeit Luft und knabbere missmutig an meinem Sandwich. „Chérie, er ist es überhaupt nicht wert, dass du böse bist", antwortet Alex mit seinem französischen Akzent und schlägt die Beine so energisch übereinander, dass sein Stuhl quietschend ein Stückchen verrutscht. „Wahrscheinlich meint das Schicksal es heute mit uns beiden nicht gut." Alex tippt auf seinem Handy herum. „Wieso?" – „Have a look", sagt er und hält mir sein iPhone unter die Nase. Vor mir blinken rosa Sternchen und ein lilafarbener Text. Ein Horoskop für homosexuelle Jungfrauen flimmert mir entgegen. Ich weiß nicht so recht, was ich damit anfangen soll. „Anscheinend schlechte Karten für dein Liebesleben", kommentiere ich den Inhalt der Zeilen. „Ach, schrecklich. Letzte Woche hat mich mein Horoskop auch schon im Regen stehen gelassen", sagt Alex und wirft mir einen verzweifelten Blick zu. „Du glaubst diesen Quatsch doch nicht etwa, oder?" – „Ich glaube sonst an nichts, doch daran schon", gibt er zu und zerknüllt das Papier von seinem Sandwich. „Alex, das ist doch verrückt – als ob dein Sexualleben von den Sternen beeinflusst würde", sage ich. „Komm schon, zumindest glaube ich nicht an UFOs oder so etwas", entrüstet er sich. An UFOs zu glauben ist in San Francisco noch gar nicht einmal so abwegig. Schließlich gibt es eine UFO-Messe, und das Bay-Area-UFO-Fest erklärt die Ursprünge außerirdischer Wesen. Falls man zwischenzeitlich zur Erleuchtung kommen sollte und ein UFO erspäht, kann man dies direkt über die Website melden. Angeblich wurde die UFO-Religion von Allen Michael begründet. Zuvor war er Besitzer eines veganen Restaurants und einer Tantra-Sex-Schule, doch mittler-weile sieht er sich als Sprachrohr zur Galaxie. Vor dem Hintergrund der UFO-Religion erscheint mir Alex mit seinem Gay-Horoskop dann doch wieder einigermaßen normal.

Nach dem Mittagessen laufen wir noch eine Runde um den kleinen Park. „Dieser Park ist ein Geheimtipp. Total entspannt hier. Da hat Nick jetzt echt was verpasst", stelle ich zufrieden fest, gleichzeitig wissend, dass er wahrscheinlich diesen Park schon einige Male vor mir besucht hatte und er derjenige gewesen wäre, der mir diesen Tipp wieder ganz schlau vermittelt hätte. Ach, dieser Idiot! Hätte mir nämlich Sophia nicht das französische Bistro empfohlen, wäre ich nie auf die Idee gekommen, dass ich im Lagerhallen-Viertel *SoMa* auch nur einen einzigen Baum finden würde.

Alex ist stehen geblieben. „Hey, was ist los?", frage ich. „Siehst du den Typ da drüben?" Er zeigt in eine Seitenstraße, und ich muss ein paar Schritte zurückgehen. Jetzt sehe ich ihn auch. Auf einer Bank sitzt ein alter Herr, sein Arm über einen tintenblauen Rucksack gelehnt, der neben ihm auf der Bank steht. In der linken Hand hält er eine Dose Bier. Er ist splitterfasernackt, und sein fülliger Bauch verdeckt glücklicherweise die Körperteile, die ich den Lesern erspare. Keine fünf Meter entfernt ein Polizeiauto, aus dem in diesem Moment zwei Beamte aussteigen und auf den Mann zugehen, der sich genießerisch die Sonne auf den Pelz scheinen lässt! „O Mann – der Typ soll sich etwas anziehen. Das ist ja widerlich", entfährt es mir. „Öffentliche Nacktheit ist in San Francisco doch erlaubt. Du musst dich lediglich an das neue Gesetz halten." – „Und das lautet wie?" – „Na ja, es besagt, dass Nudisten zwischen ihren Hintern und den öffentlichen Stuhl oder die Bank ein Handtuch legen müssen." Einer der Polizisten geht auf den nackten Mann zu, spricht mit ihm und entfernt sich dann wieder – in der Hand die Bierdose des Herrn. „Siehst du, lediglich öffentliches Trinken ist untersagt. Hätte der Typ eine braune Papiertüte gehabt, wäre es wahrscheinlich nicht so wild gewesen", lacht Alex. Ich schüttele nur den Kopf. „Crazy!" – „Jetzt tu mal nicht so. Oft sind hier doch noch viel mehr Nackte auf der Straße. Erst vor ein paar Wochen wurde unter dem Namen *World Naked Bike Ride* gegen die amerikanische Abhängigkeit von fossilen Brennstoffen demonstriert. Dabei fuhren Hunderte nackter Fahrradfahrer – teilweise nur mit einem Helm bekleidet – die großen Hauptstraßen in San Francisco entlang. Gerade ihr Deutschen seid doch normalerweise so offen und habt so viele Nacktbadestrände", kontert Alex, und mir fällt nichts mehr ein, außer schmunzelnd den Kopf zu schütteln.

Manchmal fürchte ich, in dieser Stadt der Gegensätze verrückt zu werden und die Messlatte für Normalität neu ansetzen zu müssen. In Gesellschaft auf der Straße nackt herumzulungern ist okay, ein Bierchen im Park mit Freunden jedoch nicht. Mein verblüfftes Gesicht lässt Alex fortfahren: „Du wirst staunen, hier gibt es noch viel kuriosere Vorschriften. So verbietet es das kalifornische Gesetz, mit benutzter Unterwäsche sein Auto zu putzen, doch entblößt auf der Straße Twister zu spielen ist völlig legitim", berichtet er lachend. Und weiter: Per Gesetz sei es kalifornischen Frauen untersagt, im Morgenmantel Auto zu fahren. Dafür sei es aber vollkommen rechtschaffen, sich bei der *Folsom Street Fair* gegenseitig auf der Straße auszupeitschen. Auch der Umgang mit Tieren sei per Gesetz geregelt: In San Francisco dürfen weder Elefanten die Market Street entlangflanieren (es sei denn, sie sind angeleint), noch dürfen Pferdeäpfel an Straßenecken höher als 1,82 Meter aufgetürmt werden. Bei all der Toleranz und Freiheit weiß San Francisco einfach nicht genau, wo es mit Regeln und Auflagen aufhören soll. „Zum Glück bleiben wir heute zumindest von den nackten Radlern verschont. Schön, dass du dir die Zeit zum Lunchen genommen hast", verabschiede ich mich von Alex und gehe weiter zu unserem Office.

Ein paar Tage später. Als ich gerade damit beschäftigt bin, mein Zimmer zu putzen, erhalte ich eine SMS von Mari Carmen: „Super Wetter – Lust auf *Shakespeare in the Park* heute Abend mit Rose und mir?" Eigentlich wollte ich noch etwas arbeiten, aber zu dem Freilichttheater mitten im nächtlichen *Presidio*-Park, einem Nationalpark im Norden von San Francisco, wollte ich immer schon einmal. „Ja, gerne, bin dabei. Ich bringe Decken und ein paar warme Getränke mit", texte ich zurück und beende meine Putzaktion im Eiltempo, um noch Getränke einzukaufen. „Na, schon wieder so *busy,* dass du keine Zeit zum Putzen hast?", merkt Charles feixend an, als ich im Flur über den Staubsauger hüpfe und nach meiner Jacke greife. Charles konnte mich immer noch nicht davon überzeugen, dass es sich lohnt, 200 Dollar im Monat für die Dienste einer *cleaning lady* auszugeben. Immer wieder spricht er das Thema an. „Ich muss nur ganz schnell was einkaufen. Keine Sorge, ich räume nachher alles weg!", rufe ich. Bevor er widersprechen kann, ziehe ich schnell die Tür ins Schloss.

Als wir am frühen Abend am Freilichttheater auf der Waldbühne im *Presidio* ankommen, ist es bereits dunkel. Früher hat das Parkgelände von *Presidio* lange Zeit Militärzwecken gedient, doch mittlerweile werden die alten Kasernengebäude von Familien und Yuppies bewohnt, die ein naturbelassenes und ruhiges Leben inmitten eines Nationalparks bevorzugen. Auf der Bühne rücken jetzt zwei Freiwillige die letzten Requisiten für die Shakespeare-Aufführung zurecht. Inzwischen ist es etwas abgekühlt, ich ziehe meinen Kapuzenpulli über den Kopf und kuschle mich in meinen dicken, flauschigen Schal. Gemeinsam machen wir es uns auf den zwei mitgebrachten Decken auf dem Waldboden bequem. „Das ist ja so was von romantisch hier", flüstert Mari Carmen. Rose packt ihre Thermoskanne aus und reicht sie an uns weiter. Wenig später startet Othello. Während auf der Bühne das Schauspiel im feinsten britischen Englisch startet, schaue ich hoch in den Nachthimmel und atme tief die von Eukalyptus erfüllte Nachtluft ein. „T'is neither here nor there", heißt es im vierten Akt treffend. Während ich zwischen meinen Freundinnen sitze und meine Finger an der warmen, mit Kakao gefüllten Thermoskanne wärme, werfen die gespenstisch-massiven Eukalyptusbäume ihren Schatten auf uns. Darüber funkelt der Sternenhimmel. Ganz weit weg kommt mir die Stadt vor. Als sich die heißen Getränke und Keksvorräte dem Ende nähern, schließt auch der letzte Akt, und Mari Carmen zieht es noch in die Stadt. „Kommt, lasst uns noch auf einen Drink ins *Tosca Cafe* gehen“, schlägt sie vor. „Chicas, seid nicht so lahm. Vielleicht sehen wir heute endlich einmal Sharon Stone“, versucht sie uns zu ködern. Genau, von Sharon Stone, die ganz dekadent im malerischen *Sea Cliff* wohnt, dem Prominentenviertel im Nordwesten von San Francisco, wird behauptet, dass sie häufiger im *Tosca Cafe* in *North Beach* anzutreffen ist und an der mit historischen Espressomaschinen geschmückten Bar einen Drink nimmt. Auch Filmgrößen wie Francis Coppola, Sean Penn, Robert DeNiro oder Bono besuchen das *Tosca Cafe* auf der Columbus Avenue angeblich gerne. „Na gut! Auf einen Drink noch“, willigt Rose ein, und wir werden doch schwach.

„Leute, was wünscht ihr euch für einen Song?“, fragt Mari Carmen, nachdem wir im *Tosca Cafe* angekommen sind. „Sitting on the dock of the bay!“, rufe ich. Mari Carmen wirft ein paar Quarters in den Schlitz der roten Opern-Jukebox. Wenige Minuten später ertönt mein Song. „Kommt, lasst uns einen Tisch suchen“, schlägt Rose vor. Im selben Moment erblickt Mari Carmen eine rote Vierzigerjahre-Vinyl-Sitzecke, die noch frei ist. Wir bestellen heiße Schokolade mit Brandy und beobachten das bunt gemischte Publikum, was um uns herum lacht, redet und trinkt. Sharon Stone fehlt heute leider, trotzdem wird es ein lustiger Abend. Amüsiert lauschen Rose und ich den neuen Männergeschichten von Mari Carmen, die von spanischer Dramatik nur so triefen, während wir an unseren heißen Getränken nippen. Und plötzlich ist es schon halb zwei – nur noch dreißig Minuten bis zur Sperrstunde. Schon merkwürdig: Eisern werden um zwei Uhr alle Bordsteine hochgeklappt. Lediglich der Club *End Up* hat bis morgens um elf Uhr geöffnet. Aber ehrlich gesagt, ich bin heute froh, an einem Samstagabend vor zwei Uhr im Bett zu sein, ich radele nach Hause. Ach ja, seit einigen Monaten habe ich wieder ein „neues" altes Rad: ein aus alten Fahrradteilen selbst zusammengebautes Fahrrad aus der sogenannten „Fahrradküche", dem *Bike Kitchen* in der *Mission*; einer Fahrradwerkstatt, in der Freiwillige einem dabei helfen, Fahrräder komplett selbst zusammenzubasteln oder lediglich zu reparieren. Das wird mir so schnell keiner klauen!

Zu Hause führt mich mein erster Weg an den Laptop. Nick wollte sich doch noch melden – er war die letzten Tage beruflich viel auf Reisen. Ich überfliege die sechzig Mails in meinem Posteingang. Spam. Werbung. Freunde. Family. Start-up. Nick:

„Hi Hanni,

sorry, dass ich mich noch nicht früher gemeldet habe. Ich bin wieder in San Francisco und war eben noch bei meinem Kumpel Mike. Er brauchte ein bisschen Beistand, denn ihm ist heute bei seinem Start-up gekündigt worden – ohne Vorankündigung. So kann es leider manchmal auch gehen. Wir arbeiten bei *mydoc* auf Hochtouren am neuen Produktlaunch – sehr viel zu tun. Hast du die nächsten Tage mal Zeit? Ich denke, dass wir reden sollten.

Cheers, Nick

P. S. Viel Erfolg bei der Fahrprüfung – mein Auto kannst du dir gerne leihen!"

Mir ist egal, ob ich für die Prüfung sein Auto nehmen kann oder wie sein Start-up gerade läuft. Was ist das überhaupt für eine verdammt unpersönliche und korrekte Mail? Alles, was zählt, ist der Satz, dass er mit mir reden muss. Mein Herz pocht bis zum Hals, ich balle meine linke Hand zu einer Faust zusammen. Ganz tief in mir drin lauert ein dumpfes Gefühl, eine dunkle Vorahnung. Ich meine zu wissen, warum und worüber Nick reden will. Ich starre so lange auf seine E-Mail, bis mir die Augen schmerzen. Trotzdem: Die Fahrprüfung muss gemacht werden. Und das auch noch mit Nicks Auto! So fahre ich am Montagmorgen mit Nicks bockigem Jeep im strömenden Regen erneut zum DMV, schweißgebadet, bevor es überhaupt losgeht. Ich melde mich an und manövriere den Jeep in eine der drei Warteschlangen vor dem DMV-Gebäude. Fahrstunden habe ich keine genommen, eigentlich kann ich ja fahren. Ein Führerschein aus Deutschland gibt mir hier Gewissheit. Überhaupt erscheint mir das Autofahren in Kalifornien als ein Kinderspiel im Vergleich zu unserem Schilderdschungel: So richtig rasen werde ich aufgrund der Geschwindigkeitsbeschränkungen sowieso nicht dürfen, das Überholen anderer Fahrzeuge ist dafür gleich von beiden Seiten erlaubt, und Ampeln gibt es auch nicht so viele wie in Deutschland. Das Vertrauen in die Fahrer ist nämlich so groß, dass an Kreuzungen lediglich vier Stoppschilder in alle Richtungen aufgestellt sind. Die Autos können die Kreuzung nach dem Motto „first come, first serve" überqueren. Das Wundersame: Es funktioniert einwandfrei. Es mag an der Besonnenheit und der rücksichtsvollen Zuvorkommenheit der Kalifornier liegen oder darin begründet sein, dass die Fahrzeuge in Amerika aufgrund ihrer Größe einfach besser zu erkennen sind – auf jeden Fall ist alles im Fluss!

Keine fünf Minuten später setzt sich eine kleine chinesische Prüferin mit einem schwarzen Pferdeschwanz zu mir ins Auto und stellt sich als Peggy vor. „Hi, ich bin Hanni", tue ich es ihr gleich, doch sie zeigt sich wenig begeistert. Was sie weitaus mehr interessiert, ist, ob ich weiß, wo sich Hupe und Scheibenwischer, Blinker und Klimaanlage befinden und ob ich die Handzeichen beherrsche. Mit Letzterem sind die Signale für links, rechts und Stopp per Hand gemeint. „Bitte fahre nun los und halte hinter dem schwarzen Auto an. Dann setz bitte zurück, bis ich Stopp sage", bittet sie mich. Ich fahre los, halte vorbildlich und fahre zurück, bis sie mir befiehlt, anzuhalten. Leider komme ich beim Rückwärtsfahren ein Stücken von der Spur ab und stehe jetzt schräg auf der anderen Fahrbahn. Peggy sagt nichts, und wir fahren weiter. „Nun parke bitte dort hinten am Berg ein." Auch dieses Manöver lege ich meiner Meinung nach glanzvoll hin. „Hast du nicht etwas vergessen?", fragt sie mich scheinheilig, und die Falten auf ihrer Stirn kräuseln sich. Nicht dass ich wüsste. „Am Berg musst du die Reifen zur Bordsteinseite hin einschlagen. Sonst rollt das Auto die Hügel hinunter, falls sich die Bremse mal lösen sollte. Oder willst du etwa ein *runaway car* haben?" Wir fahren ein paar Runden um den Block, und ich soll einmal links und einmal rechts und noch mal links abbiegen. Peggy macht indessen auf ihrem großen Fahrprüferblock jede Menge Kreuzchen und Striche. Schließlich weist sie mich an, wieder auf den Parkplatz des DMVs zurückzufahren und in einer freien Parklücke zum Stehen zu kommen.

Ich habe keine Ahnung, was mich erwartet – zumindest hat sie zu keinem Zeitpunkt aufgeschrien oder musste intervenieren, was ich als positives Signal deute. „Leider hat es nicht gereicht. Du hast siebzehn Fehlerpunkte – maximal fünfzehn sind erlaubt", sagt sie völlig neutral und schreibt ein DQ auf meinen Prüfungszettel, was wohl für *disqualified* steht. Nein – das darf doch jetzt nicht wahr sein! „Aber wieso das denn?", frage ich entgeistert und bin mir keiner Schuld bewusst. „Du hast an den Kreuzungen nicht lange genug angehalten, beim Abbiegen immer zu viel Abstand zum Bordstein gelassen und die Reifen am Berg nicht eingeschlagen." Ohne ein weiteres Wort zu verlieren, verlässt sie das Auto. Ich bleibe noch eine Weile sitzen und starre auf das Lenkrad. Das war's! Ich bin auf den Straßen der dicken Pickup-Trucks und Schlaglöcher, der dampfenden Gullideckel und wunderschönen Küstenblicke kläglich gescheitert. Wütend schlage ich aufs Lenkrad, so dass die Staubkörnchen auf dem Armaturenbrett aufgewirbelt werden. Verdammt! Sicherlich kommt das alles von der schlechten Aura von Nicks Auto, denke ich mir verbittert und kann die Tränen nicht zurückhalten.

Streifzug:
Schwingen Sie sich auf die mobilen Museen!

Ärgern Sie sich nicht, wenn es beim ersten Mal mit dem Führerschein in den USA nicht klappen sollte, die Fahrt mit den öffentlichen Verkehrsmitteln ist eine aufregende Reise in die Vergangenheit. San Francisco hat solch eine nostalgische Sehnsucht, dass die Stadt in anderen Weltstädten wie Chicago und Mailand nach ausgedienten und nicht mehr rentablen Straßenbahnfahrzeugen anfragte. Die großzügigen Schrottspenden wurden in San Francisco dann liebevoll restauriert und dürfen majestätisch und gemächlich über das Schienennetz der Haupteinkaufsstraßen gleiten. So zieren das heutige Bild der Market Street farbenfrohe, laut rumpelnde Street Cars aus den Jahren 1930 bis 1950. Auch die Cable Cars, die an langen Drahtseilen die Hügel hinaufgezogen werden, gleichen mobilen Museen. Die Gondelbahn wurde 1870 von Andrew Hallidie erfunden, der nicht mit ansehen konnte, wie die armen Pferde derart schweres Fuhrwerk den Berg hinaufziehen mussten. Erst glaubte keiner, dass es möglich sei, dann wollte jeder Cable Car fahren. In Spitzenzeiten fuhren bis zu sechshundert Kabelwagen durch San Francisco, heute sind jedoch nur noch vier Linien in Betrieb. Mit fünfzehn Kilometern pro Stunde transportieren sie Touristen und Einheimische über die Hügel der Stadt und signalisieren an den Kreuzungen mit einmal Klingeln einen Stopp und mit zweimal Klingeln die Weiterfahrt. Wenn Sie einmal sehen wollen, wo all die Cable Cars angetrieben werden und die Stahlseile enden, besuchen Sie das Cable Car Museum auf der Washington Street – dort finden Sie auch das allererste Cable Car von Andrew Hallidie!

„San Francisco itself is art, above all literary art. Every block is a short story, every hill a novel. Every home a poem, every dweller within immortal. That is the whole truth."

William Saroyan, amerikanischer Autor

Oktober
Verlorene Liebe in der Regenbogenstadt

Die letzten Meter den steilen Asphaltweg hinauf – ich zwinge mich dazu, will meinen Gedanken davonrennen, möchte, dass meine Waden so schmerzen, dass ich das Chaos in meinem Kopf vergesse. Mein Herz pocht, ich atme schwer und versuche, die Seitenstiche zu ignorieren. Rose fällt etwas zurück, und auch ich verlangsame mein Tempo. „Hanni, lass uns oben stehen bleiben. Du hast ja heute ein Tempo drauf! Der Ausblick auf die Bucht ist wunderbar." Wir joggen entlang dem Fort Mason Green, einem Park westlich von der Fisherman's Wharf. Ich nehme die letzten Meter, bis der Weg wieder eben wird, und lehne mich erschöpft an einen der alten Redwood-Bäume, um auf Rose zu warten. Sie will News hören, aber ich habe keine Lust, darüber zu reden. Ich möchte weiterlaufen und nicht über Nick reden oder nachdenken müssen.

„Schau dich doch mal um", bittet Rose und hält mich am Arm fest. Ich nicke nur und wische mir den Schweiß von der Stirn. Vor uns breitet sich die Bucht in der weichen Abendstimmung aus, bewacht von der Golden Gate Bridge, die stattlich darüber thront. Daneben ruhen die Berge von Sausalito in der rötlichen Dämmerung. Direkt zu unseren Füßen liegen die Anlagen des Fort Mason, ursprünglich Kasernengelände des Militärs. „Ja, es ist schön und sogar noch richtig warm." Eigentlich wäre mir ein Wirbelsturm oder Gewitter in diesem Moment viel lieber. „Das ist der *Indian Summer* – die besten Monate des Jahres. Endlich ist der andauernde Sommernebel vorbei!" Rose versucht, mich zu begeistern. „Ich weiß nicht", murmele ich. Gegen einen grauen Schleier hätte ich bei meiner aktuellen Gemütsverfassung überhaupt nichts einzuwenden. Vielleicht mag ich den Nebel sogar noch ein bisschen lieber, das Dunstphänomen der Stadt ist faszinierend. Wenn sich der Nebel vom Meer hereinschiebt, umhüllt er jedes Haus und verschleiert jeden Blick auf die Hügel der Stadt. Dann legt die Nebelwand ganz San Francisco in einen dicken Wattebausch, und die Bürotürme, die sonst wie massive Pfeiler aus der Stadt herausragen, sind vollständig in der weißen Flauschschicht versteckt. Ein perfekter Match für meine derzeitige Gefühlslage. „Ich bin für Nebel", sage ich und komme dann doch ganz automatisch auf Nick zu sprechen: „Wenn die Wolkenwand hereinzieht, sagt Nick immer, Steven Spielberg habe nun seine Nebelmaschine angeschmissen." Rose lächelt mich an und erwidert: „Ja genau, und dadurch kann der liebe Gott nicht sehen, was du gerade so treibst."

Es ist nicht zu leugnen: Die dichte Dunstschicht ist ein natürliches Wunder und besser als alle Spezialeffekte aus Hollywood: Das kalte Wasser aus den Tiefen des Pazifiks mischt sich mit der feuchten, warmen Luft des Festlandes. Dabei entsteht das weiße Wechselspiel der Elemente. „Unser deutsches Jahreszeitenmodell ist in San Francisco außer Kraft gesetzt. Manchmal hat hier ein einziger Tag gefühlte vier Jahreszeiten", sage ich. Immerhin, das Wetter ist ein dankbareres Thema als Nick. Am frühen Morgen liegt die gesamte Stadt in einem grauen Kissen. Mit dem Nebel ist es kalt, windig, und das Licht der Stadt wirkt gespenstisch und fahl, wie an einem düsteren, deutschen Herbst- oder Winternachmittag. Ich starre auf die Bucht vor mir. Doch plötzlich gegen Mittag werden die dunklen Jahreszeiten vom Frühling oder Sommer abgelöst. Dann ist auf einmal nur noch ein Teil der Golden Gate Bridge verhüllt, und dazwischen blinzelt das heitere Blau des kalifornischen Himmels hervor. Warte ich noch ein bisschen länger – oft nur wenige Minuten später reißt der Himmel vollständig auf, der Nebel verschwindet und die Menschen sitzen wieder in der Sonne vor den Cafés in *North Beach* und *Nob Hill*. So wie ich es ab und an mit Nick getan habe.

Plötzlich spüre ich Roses Hand auf meinem Arm. „Du lenkst die ganze Zeit ab, Hanni. Was hat er denn jetzt gesagt?" Ihr beiläufiger Tonfall kann mich nicht täuschen, sie versucht, ihre Neugierde zu unterdrücken. „Tja, er war gestern Abend bei mir und wir haben geredet." – „Und?" – „Er sagte, dass er sich immer gewundert hat, warum ich alles zwischen uns so ernst genommen und nie die Frage gestellt habe." – „O nein, lass mich raten: Die ‚Are-we-exclusive'-Frage?" – „Ja. Rose, du kannst dir nicht vorstellen, wie bloßgestellt ich mich gefühlt habe." Ich weiche ihrem Blick aus, damit sie die Tränen nicht sieht. „Diese verdammt komplizierte Dating-Systematik! Woher in aller Welt hätte ich bitte wissen sollen, dass ich als Frau angehalten bin, irgendwann diese Frage zu stellen?!" – „Es muss nicht immer ‚sie' die Frage stellen, ob es möglicherweise noch andere Dating-Kandidaten gibt. Na ja, aber in der Regel ist es leider doch meistens so, denn die Männer versuchen, sich scheinbar möglichst lang alles offenzuhalten." – „Rose, ich gehe mit diesem Typen seit Ende Februar regelmäßig aus, und er will mir doch nicht allen Ernstes erzählen, dass wir nie zusammen waren; dass wir lediglich ‚gedatet' haben! Ich check es einfach nicht, ehrlich."

Ich könnte schreien, den Redwood-Baum aus dem Boden reißen oder rennen, bis ich umfalle, so wütend bin ich. Doch Rose ist immer so beherrscht und abgeklärt, dass ich versuche, meine Wut lieber herunterzuschlucken. „Weißt du, in Deutschland ist diese ganze Beziehungssache irgendwie unkomplizierter und einfacher. Dieses dumme Dating, das es einem erlaubt, auch noch andere Menschen zu treffen, solange es nicht ‚exclusive‘ ist, das ist doch absurd. Sein dummes Gerede, von wegen ich sei natürlich ‚amazing‘ und ‚fun to hang out with‘, hätte sich der Idiot echt sparen können …“ – „Vielleicht hat er auch einfach eine Liebesangst, sozusagen eine Amoraphobia“, erwidert Rose und will mich aufheitern, doch innerlich zermürbt mich die Vorstellung, dass er womöglich die ganzen letzten Monate noch andere Mädchen „gedatet“ hat. All die Begründungen, die ich mir selbst in den letzten Wochen zurechtgeschustert hatte, um mir zu erklären, warum er immer wieder distanziert war und keine Zeit hatte, brechen in sich zusammen wie ein sorgsam gebautes Kartenhaus. „Er hat doch gar nicht explizit gesagt, dass da noch andere Frauen sind“, versucht Rose, mich zu trösten. „Ach, Rose, komm. Das glaubst du doch selbst nicht! Selbst Sophia hat doch immer gesagt: Don’t put all your eggs in one basket. Vielleicht hätte ich mich da auch mal dran halten sollen.“ – „Ich glaube, dass die Männer einfach Angst haben, dass sie eingelocht werden, sobald die Checkliste zum *husband material*, also dem geeigneten Ehemann, überall ein Häkchen hat“, meint Rose, und ich versichere ihr, dass ich das ganz bestimmt nicht vorgehabt hatte.

„In San Francisco kommt erschwerend hinzu, dass Sex offen und frei diskutiert wird und die Bay Area den Ruf einer polygam-experimentierfreudigen Stadt und einer aktiven Swinger-Szene besitzt. Da fällt es den Männern wahrscheinlich noch schwerer, sich zu binden“, analysiert Rose die Lage und hilft mir damit erst recht nicht weiter. Ich kann mich noch genau daran erinnern, wie Mom und Rita völlig geschockt von einer ihrer Erkundungstouren durch San

Francisco zurückkamen. Rita erzählte damals, dass die Türen des Sexshops *Good Vibrations* auf der Polk Street weit geöffnet seien und es dort angeblich ein Vibratoren-Museum gebe. Dieses habe es sogar auf die Liste der zehn weltweit seltsamsten Museen geschafft. „Lass mich wissen, wenn ich etwas für dich tun kann", sagt Rose dann. „Ach, Rose, es ist lieb, aber ich glaube, dass ich schon klarkomme. San Francisco ist einfach zu schön, um die Zeit mit Miesepetrigkeit zu verbringen. Lass uns weiter joggen", schlage ich vor, versuche ein Grinsen und laufe wieder los.

Während ich mich anstrengen musste, vor Rose die Fassung zu bewahren, platze ich am nächsten Morgen am Telefon mit meiner Mutter sofort mit dem Thema heraus. „Mama, kannst du dich noch an diesen Nick erinnern?" – „Ach, dieser Amerikaner, der an Ritas Geburtstag nicht mit uns ins Sonoma Valley kommen wollte?" – „Ja, genau. Es ist aus. Es war nur Dating", versuche ich ganz gefasst zu klingen, doch meine Stimme zittert. Meine Mutter ist bei solchen Themen meistens sehr pragmatisch. „Dating? Was für ein Quatsch! Schatzi, den vergisst du jetzt mal ganz schnell. Erinnere dich einmal daran, warum du eigentlich nach San Francisco gegangen bist." Während ich mit dem Telefon am Ohr am Fenster in unserer WG stehe und auf die Segelboote blicke, die in der Sonne auf dem Wasser dümpeln, versuche ich, mir diese Fragen zu beantworten: Weswegen bin ich denn noch mal hier? Wieso hat das mit Nick nicht geklappt? Was ist, wenn Vijays und meine Pläne nicht aufgehen? Statt meiner Mutter zu antworten, schluchze ich nur und höre meine Eltern am anderen Ende der Leitung in Deutschland flüstern. Dann sagt sie: „Kind, jetzt besinne dich doch darauf, was wirklich wichtig ist. Du wolltest nie nach San Francisco der Männer wegen. Außerdem – und das kann Tante Rita dir bestätigen – gibt es nur wenige sehenswerte Herren in der Stadt." Ich muss lachen, auch wenn ich im gleichen Moment schon wieder losheulen könnte. „Na, super, als ob ich mich bezüglich des Männergeschmacks an Rita orientieren würde." – „Nein, ernsthaft. Du hast einen Fulltime-Job und arbeitest mit Vijay an diesem Businessplan. Das kostet viel Energie und erfordert Kraft und Konzentration. Jetzt mach das einmal und dann sehen wir weiter." Ich höre meinen Vater im Hintergrund: „Ja, genau. Wenn alles nichts hilft, betest du zum heiligen Franziskus. Der kommt doch aus San Francisco." Er räuspert sich, und ich kann mir genau vorstellen, wie er in seinem Sessel zu Hause in Deutschland sitzt; die Arme auf die Lehnen gestützt. „Okay, okay, ihr habt ja recht", antworte ich und fühle mich durch die vertrauten Stimmen meiner Eltern schon wieder ein bisschen getröstet. „Der heilige Franziskus kommt doch aus San Francisco, oder?", hakt mein Vater nach.

Zur Herkunft des Stadtnamens gibt es verschiedene Theorien. „Manche glauben, dass die Namensgebung San Franciscos von einem Mönch namens Jeremiah Francisco stammt. Dieser ist der Legende nach jeden Tag sehr weit gelaufen, um das Grab eines Paters zu besuchen", erkläre ich. „Wieso heißt es ‚San'?", will mein Vater wissen. „Weil angeblich so ein starker Wind wehte und der Sand der Bucht sich in seiner Kleidung festsetzte, dass man ihn nur noch ‚Sand Francisco' nannte. Irgendwann fiel das ‚d' von ‚Sand' weg, und die Stadt wurde San Francisco getauft. Diese Variante hat allerdings sehr viel Sagencharakter." – „So, so, interessant." – „Die gängigere Variante ist die, dass San Francisco nach der von den Spaniern erbauten Mission *San Francisco de Asis*, die dem heiligen Franziskus von Assisi geweiht wurde, benannt worden ist. Heute heißt die Kirche Mission Dolores und ist das älteste Gebäude in ganz San Francisco", erläutere ich. Bei meinen Eltern in Deutschland klingelt es. „Kind, wir müssen Schluss machen. Wir bekommen Besuch von Tante Rita. Ich melde mich wieder", sagt meine Mutter. „Es war schön, mal wieder mit euch zu sprechen", sage ich schnell. „Mach es gut und halt die Ohren steif. Wir drücken dich."

In den nächsten Wochen verdränge ich erfolgreich jeglichen Gedanken an Nick: dank vieler Arbeit bei *Healthquestion*, massenhaft Arbeit im Büro, des phänomenalen *Indian Summers* und jeder Menge Veranstaltungen und Festivals. Im Oktober ist fast immer etwas los: Events wie die ausgeflippte *Castro Street Fair*, das Literaturfestival *Litquake*, das alljährliche *SF Jazz Festival,* das gemeinnützige *Bridge School Concert* und das bekannte *Hardly Strictly Bluegrass Festival* stehen an. Nick zu vergessen sollte mir leicht fallen! Mitte Oktober bin ich schon viel besser drauf. Für Vijay und mich steht ein Lunch-Termin mit der Gründerin eines Förderprogramms für Start-ups, einem sogenannten Inbukator, an. Ich hatte sie vor einigen Wochen angeschrieben und ihr gegenüber ausgedrückt, wie interessant ich das Programm finde, das sie jungen Start-up-Gründern anbietet: Es ist ein Mentoring-Programm über den Zeitraum von fünf Wochen, das das junge Start-up-Team auf die Unternehmensgründung vorbereitet beziehungsweise es dabei unterstützt. Für den gesamten Zeitraum arbeiten die ausgewählten Gründungsteams in einem Gemeinschaftsbüro zusammen, tauschen Ideen aus, helfen sich gegenseitig und werden von Experten wie hochrangigen *Venture Capitalists* und Mehrfachgründern beraten. Ihren normalen Job können die Teilnehmer dank dem sogenannten „Moonlighting-Modus" behalten – was bedeutet, dass die Kurse in den Abendstunden und am Wochenende stattfinden. Insgesamt werden circa zehn Start-up-Ideen aufgenommen, manche davon haben bereits eine Website, einen Prototypen und ein Geschäftsmodell, andere bestehen lediglich in den Köpfen ihrer Gründer. Wir verabreden uns mit Amber, der Chefin des Gründer-programms, für ein Mittagessen in der *Anchor Oyster Bar* im Stadtteil *Castro*. Vorher möchte ich allerdings Alex noch auf einen Kaffee treffen, denn er hatte Redebedarf angekündigt.

Das Viertel *Castro* ist auch als *Gay Capital*, also Haupt-stadt der Schwulen, bekannt. Es liegt südlich der Market Street und erstreckt sich über mehrere Blocks entlang der Castro Street bis nach *Noe Valley*. Hier ist das öffentliche Coming-out vollkommen legitim, und Homosexualität wird nicht – wie in vielen US-Staaten – als strafbares Delikt an-gesehen. Ich stelle mein Fahrrad an der Ecke Market und Castro Street ab, und mein Blick fällt auf die übergroße Re-genbogenflagge, die im Wind über der Straßenkreuzung weht und weltweit als Zeichen von Toleranz und Hoffnung betrachtet wird. Alex kommt mir bereits winkend entgegen. „Welcome in *Castro,* take a walk on the wild side. Schön, dass du es geschafft hast", empfängt er mich in seinem Viertel und umarmt mich herzlich. „Hui, heiße Hose", stelle ich fest und mustere seine Beine, die in einer sehr engen weißen Sommerhose für meinen Geschmack etwas zu gut zur Gel-tung kommen. Er winkt ab. „Ach, honey, nicht so frech. Ich bin doch schließlich wieder auf Wildfang. Jetzt komm! Die Bedeutung der Flagge kennst du, oder?" Er zeigt auf die Fahne. „Ja, immer noch", antworte ich und überlege, wie häufig er mir schon von „seiner" Flagge erzählt hat. Ursprünglich wollte der Künstler, der Amerikaner Gilbert Baker, acht verschiedene Farbstreifen in die Flagge integrie-ren. Doch für die Massenproduktion war das von ihm selbst gefärbte grelle Pink, bekannt als ‚Hot Pink', industriell nicht herstellbar. So musste die Anzahl der Farben kurzerhand auf sechs Farbstreifen reduziert werden, denn sieben Strei-fen kamen als ungerade Zahl nicht in Frage. „Aber gab es nicht als Schwulensymbol auch mal einen sogenannten rosa Winkel"? – „Ja, stimmt", sagt er und erzählt, dass es viele

Jahre lang Diskussionen darüber gegeben habe, ob der rosa Winkel oder die 1978 entworfene Regenbogenflagge als Bewegungssymbol für homosexuelle Menschen gelten solle. Schließlich ist der „rosa Winkel" – das Symbol, das Homosexuelle während der Zeit des Nationalsozialismus in Konzentrationslagern zur Kennzeichnung tragen mussten – weltweit bekannt. Alex hakt sich bei mir ein. „Schwere Kost, dieses Thema. Aber den Park dort drüben muss ich dir noch zeigen." Er deutet auf die gegenüberliegende Seite der Market Street. „Zum Gedenken an die Ermordung von 15 000 homosexuell orientierten Menschen während des Holocausts wurde dort der Pink Triangle Park angelegt. Komm!" Wir überqueren die Straße und gelangen an eine kleine Grünanlage in der Form eines Dreiecks. Darauf stehen fünfzehn dreieckige Granitpfeiler, die für jeweils 1000 getötete Menschen stehen. „Tja, dies ist das erste den schwulen Holocaust-Opfern gewidmete Monument in den USA", sagt Alex mit belegter Stimme.

Als wir gerade wieder die Straße überqueren wollen, steht plötzlich ein älterer Herr neben uns an der Ampel und mustert uns interessiert von der Seite. Ich schätze ihn auf Mitte sechzig, die Haut um seine Augen ist faltig und grau. „Seid ihr von hier? Kann ich euch irgendwie helfen?", fragt er, kneift die Augen zusammen und blinzelt uns an. Ich wundere mich über seine direkte Ansprache und weiche ein Stück zurück. „Ja, wir finden uns schon zurecht", entgegnet Alex freundlich. „Ich dachte, dass ihr vielleicht den geheimen unterirdischen Tunnel zum Pazifischen Ozean sucht. Ich bin Ire und weiß, wovon ich spreche", sagt er und streckt seinen Arm aus. Dabei zeigt er auf die andere Seite der Straße. Sein Zeigefinger zittert leicht. In diesem Moment schaltet die Ampel auf Grün, und Alex zieht sanft an meinem Arm. Ich bedanke mich bei dem alten Iren, aber der wirkt abwesend und beachtet uns nicht weiter.

„Was für einen unterirdischen Tunnel meint er?", frage ich. „Ach, es gibt hier in der Nähe der Market Street einen Gang unter der Erde. Der wurde vor vielen Jahren von den Iren erbaut und führt angeblich bis zum Pazifischen Ozean." Alex wechselt abrupt das Thema. „Warst du schon mal im Glassarg da vorne?" Alex zeigt auf eine Eckkneipe am Harvey Milk Plaza, dem Gedenkplatz für Harvey Milk, einst ein Fotoladenbesitzer, der als erster bekennender Homosexueller ein politisches Amt im Stadtrat übernahm. Ich finde die Geschichte mit dem unterirdischen Tunnel interessant und hätte gerne mehr darüber erfahren, aber ich belasse es dabei. „Glassarg?" – „Ja, die *Twin Peaks Tavern* – die erste Schwulenbar in der Stadt. Wegen der großen Fenster und des hohen Anteils an grauhaarigem Klientel auch als Sarg bekannt." Die *Twin Peaks Tavern* liegt direkt gegenüber dem Ausgang der Straßenbahn-Station an der Straßenecke Market und Castro Street und ist auch als die schwulste Kreuzung auf der schwulsten Straße des Landes bekannt.

„Leider habe ich nicht mehr so viel Zeit. Lass uns doch einen *coffee to go* mitnehmen und noch etwas spazieren gehen", schlage ich vor. „Jetzt schieß endlich los, was dich mit deinem Freund bedrückt. Sonst muss ich gleich gehen, und du hast mir gar nichts erzählt", fordere ich ihn auf. „Ach, seit dem *Burning Man* klammert er einfach zu sehr. Er will etwas Festes, und ich habe ein paar andere interessante Typen kennengelernt. Aber wenn ich Schluss mache, breche ich ihm das Herz." – „Deine Probleme hätte ich auch gerne", muss ich zugeben. Ob für die Schwulenszene die gleiche Dating-Systematik gilt wie für mich? Egal, so gut, wie es für eine heterosexuelle Frau eben geht, versuche ich, ihm einen Rat zu geben. Und während wir quatschen und durch das Viertel gehen, begegnen wir mehreren homosexuellen Pärchen, die sich an den Händen halten oder eng umschlungen an uns vorbeischlendern.

Das Schwulenviertel von San Francisco ist wohl einer der wenigen Orte der Welt, an dem niemand sie schief anschaut oder blöde Kommentare von sich gibt. Nachdem 1973 die Homosexualität von der Liste der Geisteskrankheiten gestrichen wurde, erließ San Francisco als erste Stadt ein Gesetz gegen die Diskriminierung dieser Minderheit. Seit 1975 ist Homosexualität in Kalifornien legal; seit einigen Jahren ebenso die gleichgeschlechtliche Ehe. Während wir an eindrucksvollen, fast spießig anmutenden viktorianischen Häusern mit gepflegten Vorgärten vorbeilaufen, klingelt mein Handy. „Hey, wo bist du? Wir treffen uns in fünf Minuten", sagt Vijay. „Keine Sorge, ich bin noch mit Alex unterwegs – gib mir zwei Minuten." – „Okay, bring mir eine Peitsche und ein Spielzeug mit", scherzt Vijay am anderen Ende. „Shut up", sage ich lachend und lege auf. „Ich muss los, Alex! Vijay und ich haben einen wichtigen Termin. Den Glassarg holen wir nach. Versprochen!" – „Oh, spannend. Wegen des Start-up-Dingsbums?" Ich grinse. „Ja, genau, deine Website-Tipps müssen sich doch bezahlt machen. Ich erzähle dir hinterher, wie es gelaufen ist." Ich umarme ihn kurz und laufe zurück zu unserem Lunch-Treffpunkt.

Vijay wartet bereits am Restaurant, mit dabei: Amber. „Schön, euch kennenzulernen", sagt sie, und sie ist mir auf Anhieb sympathisch. Typisch für die Start-up-Atmosphäre in der *Bay Area* ist, dass jeder extrem offen, optimistisch und freundlich ist. Und das nicht ohne Grund: Das Silicon Valley ist eine der effizientesten Leistungsgesellschaften, die ich erlebt habe. Wenn alle einander einen Gefallen tun, sich gegenseitig neue Kontakte verschaffen, freundlich, zugänglich und positiv sind, zieht jeder Profit daraus und schafft wiederum ein Stückchen Nährboden für neue Ideen. Während des Essens stellt sie uns das Programm vor, und wir erzählen ihr von *Healthquestion*. „Endlich mal wieder etwas im Gesundheitsbereich", sagt sie begeistert. Vijay zeigt ihr auf dem iPad den aktuellen Stand der Website, die öffentlich noch nicht zugänglich ist. „Aktuell arbeiten wir am Businessplan, und wir suchen auch nach einer Finanzierung", sagt er. „Im Rahmen unseres Programms bekommt man Zugang zu Investoren und Finanzgebern. Ihr solltet euch bewerben", schlägt sie vor. Gegen Ende des Termins haben Vijay und ich zwar kaum eine Auster herunterbekommen, glauben aber, dass wir eine Chance haben, uns für ihr Gründerprogramm zu qualifizieren. „Hey, es ist gut gelaufen. Sie findet *Healthquestion* interessant. Ich finde, das sollten wir feiern", freue ich mich, während wir zu unseren Rädern zurückgehen. „Hanni, heute so optimistisch?" Stimmt schon, letztlich haben wir noch nichts in der Hand. „Ich werde eben amerikanischer", kontere ich. „Am Wochenende wird gefeiert. Es ist Halloween. Ein Freund von mir macht eine Hausparty in *Haight-Ashbury*", schlägt Vijay vor, und ich habe absolut nichts dagegen einzuwenden.

So starten Vijay, Rose, Alex und ich am darauffolgenden Wochenende unsere Halloween-Tour nach *Haight-Ashbury*. Während des *Summer of Love* im Jahre 1967 war das Viertel das vibrierende Epizentrum der Hippie-Bewegung. Und selbst über vierzig Jahre später noch hängt der Duft der Flower-Power-Kinder in seinen Straßen: in den Läden, die Räucherstäbchen und Wasserpfeifen verkaufen, im *Red Victorian* Hotel, das zugleich Reise in die Hippie-Vergangenheit und Friedensmuseum ist, sowie an den Hängen des Hippie-Hills im Golden Gate Park, an denen die letzten übergebliebenen Hippies Joints rauchen, trommeln und singen. Weil keine Zeit mehr für eine langwierige Kostümwahl geblieben ist, haben wir uns kurzerhand in einem Kostümladen mit Komplettverkleidungen eingedeckt. So endet Rose als Black Swan und ich als Petra Pan. Vijay und Alex gehen als Skelette. Auf der Haight Street angekommen, warten wir noch auf Freunde von Alex.

Wenngleich viele der mittlerweile heruntergekommenen Häuser renoviert wurden und aus den Peace-&-Love-Einwohnern urbane Trendsetter geworden sind, kann ich mir vorstellen, was wohl während des *Summer of Love* entlang der Straßen Haight und Ashbury los gewesen ist. Heute an Halloween ziehen Verkleidete in Partylaune durch die Straßen. Darunter auch ein schwankendes, als Batgirl verkleidetes Mädchen mit einer nicht minder alkoholisierten Freundin im Schlepptau. „Das Mädel würde in Gotham City in dem Zustand wohl eher unter die Räder kommen", stellt Vijay grinsend fest und biegt seinen Plastikknochenarm zurecht, der ein bisschen aus der Form geraten ist. „Und ihre Hexenfreundin scheint auch nicht ganz nüchtern zu sein", ergänzt Rose. Mittlerweile stehen die zwei taumelnd neben uns. Ich kann dem Batgirl in die Augen schauen, die nur mit großen Pupillen ausdruckslos ins Leere starren. „Oder die beiden haben irgendetwas geraucht", meint Rose. „Kein Wunder in einer Stadt, in der du auf Rezept problemlos Marihuana bekommst. Es gibt ja sogar Cannabis-Lieferservices, bei denen du kurzfristig und diskret deinen Bedarf bestellen kannst", merkt Vijay an. Im nächsten Moment sackt das Batgirl in sich zusammen und fällt auf den Bordstein. Die Hexe merkt das Abtauchen ihrer Freundin erst gar nicht und läuft einfach weiter. Erschrocken blicke ich ihr nach. Dann dreht sie sich schließlich doch um und schaut verwirrt in unsere Richtung. „O nein!", ruft Rose und wir stürzen zu dem Mädchen. Wir sprechen sie an. Keine Reaktion! Sie bewegt sich nicht, doch ihr steht Schweiß auf Stirn und Dekolleté. „Was sollen wir machen?", frage ich Rose panisch. Alex ist der Einzige, der einigermaßen ruhig bleibt. „Sie hat irgendwas genommen." Er wendet sich der Hexe zu und stellt ihr ein paar Fragen, doch sie starrt nur verwirrt auf das am Boden liegende Batgirl. „Ihre Freundin ist auch nicht mehr in der Lage, sie zu versorgen. Hier ist doch ein Krankenhaus um die Ecke auf der Clayton Street – die *Free Medical Clinic*. Da bringen wir sie hin", schlägt Vijay vor. Wir heben das regungslose Batgirl auf, und Vijay und Alex tragen das Mädchen zur Klinik. Nur wenige Minuten später wird sie dort in ärztliche Obhut genommen, Minuten, die mir vorkommen wie eine halbe Ewigkeit. Mittlerweile ist es Mitternacht, die Geisterstunde hat geschlagen, und in Deutschland ist bereits Allerheiligen.

Streifzug:
Sehen Sie die Stadt mit anderen Augen!

Manchmal helfen einem die goldenen Aussichten in San Francisco, Abstand von den alltäglichen Problemen und Ärgernissen zu gewinnen. So ging es mir zumindest am Fort Mason Green mit Rose. Wenn Sie Distanz brauchen und aus der Ferne auf die Stadt blicken wollen, dann fahren Sie auf die andere Seite der Golden Gate Bridge auf den Hawk Hill, der in den Bergen von Marin County liegt. Von dort oben haben Sie einen faszinierenden Blick auf die Meerenge, das Golden Gate, mit der bekannten Brücke. Auch in der Stadt gibt es genug traumhafte Aussichtspunkte. Neben den bereits erwähnten Twin Peaks bietet auch der Grand View Park in *Inner Richmond* oder der Ina Coolbrith Park zwischen *Nob Hill* und *Russian Hill* beeindruckende Vogelperspektiven auf die Stadt. Mein persönlicher Favorit ist das Wave Organ, ein aus 25 Orgelpfeifen bestehendes Instrument und Kunstwerk am Ende des Yachthafen-Stegs im Stadtteil *Marina*. Wie U-Boot-Ausguckrohre ragen die Pfeifen aus dem Stein heraus, und wenn Sie das Ohr ganz nah an die Ausgänge der Wellenorgel halten, hören Sie das feine Meeresrauschen und -gurgeln, das mit den Gezeiten in seiner Lautstärke zu- und abnimmt. Wenn man sich einmal um die eigene Achse dreht, kann man die meisten der bekannten San Francisco-Sehenswürdigkeiten einfangen: die Gefängnisinsel Alcatraz sowie die viktorianischen Häuser von *Marina* vor der Skyline von San Francisco. Ebenso fällt der Blick auf den Palace of Fine Arts, eine griechisch-römische Rotunde gelegen inmitten eines idyllischen kleinen Parks. Daran schmiegt sich ein kleiner mit Monterey-Zypressen bewachsener See.

„I fell in love with the most cordial and sociable city in the Union."

MARK TWAIN, AMERIKANISCHER AUTOR

November
Der liberale, grüne Daumen

„Thank you, guys", bedankt sich der junge Arzt, der kaum älter ist als wir. „Sie ist jetzt wieder bei Bewusstsein. Es war eine starke Alkoholvergiftung und das Ganze hätte auch sehr unglücklich enden können." – „Ist noch irgendetwas mit der Versicherung zu klären?", fragt Rose vorsichtig. „Dies ist ein kostenloses Krankenhaus, doch wir freuen uns immer über Spenden." Er reicht die Akte des Mädchens an eine Krankenschwester, die vorbeiläuft. „Gut für das Batgirl", sagt Vijay leise, denn so eine Notfallbehandlung kann in den USA schnell mehrere tausend Dollar kosten. „San Francisco war eine der ersten Städte, die auch unversicherte Amerikaner mit medizinischen Leistungen versorgte. An einem Ort, an dem dies leider auf circa 82 000 Menschen zutrifft, ist das eine wichtige Institution", verabschiedet sich der Arzt von uns und lässt uns in dem nach Desinfektionsmittel riechenden Flur zurück. Wir übergeben der Klinik noch eine kleine Spende und verlassen schweigend das Krankenhaus.

„Mir ist nicht mehr nach Feiern zumute", gibt Vijay zu, als wir in die kühle Nacht treten. Zudem ist es schon recht spät. Wir gehen zurück in Richtung der Kreuzung *Haight-Ashbury*, wo wir vor der himmelblauen holzverkleideten Eisdiele *Ben & Jerry's* mit der Aufschrift „Love, Peace & IceCream" stehen bleiben und überlegen, was wir nun mit der angebrochenen Nacht noch machen. Der Laden ist geschlossen, lediglich ein paar Hippies kampieren davor: Ein älterer, hagerer Typ mit langen Haaren, der im Schneidersitz gegen die Scheibe des Ladens lehnt, spielt Gitarre. Zwei Frauen mittleren Alters mit Rastazöpfen und ausgewaschenen Tanktops tanzen um ihn herum. „Irgendwie ist es traurig, zu sehen, was aus dem *Summer of Love* geworden ist", stellt Rose fest, und ich muss an all die Hippie-Überbleibsel und Straßenkinder denken, die tagtäglich am Eingang zum Golden Gate Park hocken, Joints rauchen und nichts mit sich anzufangen wissen. Keine Perspektive! Kein Job! Keine Sorgen? „Ja, vor allem, weil der Grundgedanke der Hippie-Bewegung gar nicht verkehrt gewesen ist: weg vom Materialismus und vom Kommerz, Liebe statt Krieg. Das Motto war: *free food – free drugs – free love*."

Sie gründeten freie Kliniken, etwa auch die auf der Clayton Street, eröffneten Volksküchen, in denen jeder, der Hunger hatte, etwas zu essen bekam. Außerdem gab es Shops, in denen die Besucher nur so viel bezahlen mussten, wie sie zur Verfügung hatten, und Musikkonzerte waren sowieso gratis. Und was die Drogen anging, könnte man behaupten, dass sie so einfach zugänglich waren wie heute das Startkapital im Silicon Valley. Geblieben ist zumindest die Tradition der kostenlosen Konzerte; das *Sterngrove Festival* sowie das *Hardly Strictly Bluegrass Festival* im Golden Gate Park werden immer noch von Jung und Alt besucht und von einigen generösen Spendern finanziert.

„Tja, in diesem Viertel hier haben die Hippies zur Musik von Janis Joplin, Grateful Dead und Jefferson Airplane getanzt, sich geliebt und ...", Vijay schwenkt ins Theatralische, „alles hätte so schön sein können ..." – „Nun ja, Charles erzählte mir, alles sei derartig ausgeartet, weil man die Hippie-Bewegung kommerziell ausnutzte und vermarktete, gnadenlos." Am Ende fuhren die Touristenbusse durch

Haight-Ashbury, und Menschen aus aller Welt strömten in diesen kleinen Ort, um dem Vordenker der Bewegung, dem Harvard Professor und LSD-Guru Timothy Leary, zu folgen. Der Höhepunkt der Bewegung, zu dem sich zuletzt mehr als eine halbe Million Menschen in das kleine viktorianische Wohnviertel drängten, war auch gleichzeitig deren Ende. Die Hippies flüchteten sich in ihre bewusstseinserweiternden LSD-Welten. Die Nachricht vom Drogentod der 27-jährigen Janis Joplin ging um die ganze Welt. Paul Kantner, Musiker der Rockband Jefferson Airplane, sagte einmal treffend: „If you can remember anything about the sixties, you weren't really there." (Wenn du dich an irgendetwas aus den Sechzigerjahren erinnern kannst, bist du nicht wirklich dort gewesen.) „Kommt Leute, es ist kalt. Lasst uns noch alle zu mir auf ein Bierchen gehen", unterbricht Alex plötzlich unsere Straßendiskussion, und keiner hat etwas dagegen.

Einige Tage nach unserer Halloween-Rettungsaktion hat Rose Geburtstag. Und selbstverständlich wird das Geburtstagskind an seinem Ehrentag von den Freunden eingeladen: auf Essen, Drinks und Ausgehen. So ist es Brauch in den USA, und am Samstagabend sitzt unsere Clique mit einigen asiatisch-amerikanischen Freunden von Rose im *Delancey Street Restaurant* in *SoMa*. „Auf den ersten Blick merkt ihr gar nicht, dass dies ein Restaurant der etwas anderen Art ist, oder?", fragt Rose geheimnisvoll. Was sie bloß damit meint? Geschäftig laufen die Kellner durch den Raum und decken Tische mit frisch gebügelten Tischdecken, Besteck und Servietten ein. Alles sieht normal und unprätentiös aus. „Die Servicekräfte, die hier arbeiten, sind alle ehemalige Strafgefangene. Die *Delancey Street Foundation* gibt ihnen eine zweite Chance." – „Bitte, was? Straftäter?", flüstert Mari Carmen und schaut Rose erschrocken an. Dann richtet sich ihr Blick auf den Kellner, der in einwandfreiem weißem Hemd und glänzend polierten Schuhen neben ihr am Tisch steht und sie fragend anlächelt. Rose wartet, bis der Kellner unsere Bestellungen aufgenommen hat und den Tisch wieder verlässt. „Menschen, die zum Beispiel durch übermäßigen Drogenkonsum, Geld- oder Beziehungsprobleme in Schwierigkeiten gerieten, dürfen hier einen Neuanfang wagen. Die Organisation, die *Delancey Street Foundation,* bildet sie aus, und die Männer sind froh, dass sie diese Chance erhalten. Mindestens zwei Jahre dauert die Teilnahme am Rehabilitationsprogramm. Doch viele bleiben von sich aus länger; teilweise bis zu vier Jahren. Eine Studienkollegin hat mir das Restaurant empfohlen", sagt Rose zufrieden. Mich freut etwas anderes. Ich fahre mit dem Zeigefinger die Karte entlang: „Die Preise sind total fair. Guck doch mal, wo zahlst du bitte sonst drei Dollar für ein Bier?" Ein bunter Mix aus Nudel-, Fisch- und Fleischgerichten steht im Angebot. Doch Vijay grinst nur: „Typically German – you guys love Schnäppchenjagd." Hätte ich ihm doch bloß nicht vor einigen Tagen ein paar typisch deutsche Begriffe wie Schnäppchenjagd, Gemütlichkeit und Pünktlichkeit erklärt. Seitdem plappert er sie wie ein Papagei bei jeder Gelegenheit nach. „Cheers, Rose!" Alle erheben ihre Gläser, und wir stoßen an. „Happy birthday!" Vijay schlägt sein Glas so stark gegen das von Mari Carmen, dass der Rotwein überschwappt und sie einen bitterbösen Blick über den Tisch sendet. Eine Sekunde später zuckt Vijay zusammen, Mari Carmen hat ihm noch einen „leichten" Tritt unter dem Tisch verpasst. „Sei weiter so aggressiv und du wirst gleich bei den Jungs hier in das Programm aufgenommen", blödelt Vijay und trinkt sein Bierglas in einem Zug leer.

Als unser Kellner nach dem Essen dann die Rechnung auf den Tisch legt, sind alle sehr erstaunt. „Was?" – „Da haben die was vergessen." Mari Carmen rechnet nach: „Wir sind acht Leute, Rose ist das Geburtstagskind. Das macht zwanzig Dollar pro Person." – „Hast du das Trinkgeld schon eingerechnet?", fragt Alex. Mari Carmen rechnet ein zweites Mal nach und schüttelt den Kopf: „Total billig für San-Francisco-Verhältnisse!" Normalerweise muss man für ein Abendessen um die dreißig bis vierzig Dollar pro Person ansetzen; wenn jemand Geburtstag hat, entsprechend mehr. Und ein angemessenes Trinkgeld liegt immer zwischen fünfzehn und zwanzig Prozent. „Rose, dann können wir dich jetzt noch auf einige Drinks einladen", freut sich Mari Carmen. Vijay legt dem Kellner unsere sieben Kreditkarten vor mit der Bitte, den Gesamtbetrag entsprechend aufzusplitten. Ob das gut geht? „Thanks a lot – I will be back in a minute." Der Kellner nimmt lächelnd den Teller mit den Kreditkarten vom Tisch. Ich atme auf. Dank sei dem Serviceparadies der Vereinigten Staaten von Amerika, wo man Rechnungen unter beliebig vielen Menschen aufteilen kann, und wo es keinen stört, wenn man seinen Kaffee für zwei Dollar mit einer Kreditkarte bezahlt.

Draußen weht ein kühler Wind von der nächtlichen Bucht zu uns herüber. „Rose, what's your plan?", fragt Vijay erwartungsvoll, während das Geburtstagskind gerade damit beschäftigt ist, zwei ihrer Freundinnen zu verabschieden. „Karaoke!", ruft sie freudig und trällert in ein imaginäres Mikrofon, das sie sich mit der Hand vor den Mund hält. „Karaoke? Willst du nicht lieber tanzen gehen, in der *Beauty Bar* in der *Mission* oder im *Le Colonial*?" Meine Gesangskünste sind unerträglich. „Keine Widerrede. Das *Mint* auf der Market Street ist super." Rose winkt schon ein Taxi heran.

In der Karaoke-Bar kann ich mich glücklicherweise etwas im Hintergrund halten. Ich gebe die Backgroundtänzerin für Vijay und Alex, die beide eine Show abziehen. Vijay tanzt den *Moon Walk* zu „Billie Jean" von Michael Jackson, wobei er so sehr mit dem Oberkörper wackelt, dass es fast einer indischen Bollywood-Tanzeinlage gleichkommt. Alex grölt ins Mikrofon und bewegt dazu seine Hüften so ausdrucksvoll wie eine füllige Gospelsängerin. Währenddessen versuche ich, mit meinem Gezappel am Rand der Bühne möglichst wenig aufzufallen. Und die beiden ernten so viel Applaus, dass sie sofort einen weiteren Michael-Jackson-Auftritt hinlegen und wir sie am Ende von der Bühne zerren müssen. Andere wollen ja auch mal ...

Am Morgen danach wache ich verkatert auf. Charles' Mixer klappert in der Küche, und ich frage mich manchmal, ob er sich auch von etwas anderem als von seinen gesunden Proteindrinks und Gemüse-Cocktails ernährt. Wenn ich mir Spaghetti mache, trinkt er einen Tomatensaft. Wenn ich eine Packung Chips aufreiße, stibitzt er sich nur eine Mandel gegen den Appetit. Von seinen regelmäßigen Weinverkostungen einmal abgesehen, lebt er so gesund, dass es mich hin und wieder richtig nervt. Sein Biofimmel scheint jedoch Erfolg zu zeitigen, denn obwohl er auf Ende dreißig zugeht, hat er noch keine einzige Falte im Gesicht und ist fit wie ein Mittzwanziger.

„Good morning, sunshine! How are you?", begrüßt er mich gut gelaunt, als ich mit dickem Kopf in die Küche trotte, um meiner Koffeinlust zu frönen. „Hm, bin noch soo müde", murmle ich vor mich hin. „Darling, es ist zwölf Uhr – du warst aber noch lange unterwegs. Ich fahre gleich zu *Trader Joe's* zum Einkaufen. Willst du mit?" Mit einem Löffel kratzt er das Mixerglas leer. Ich überlege kurz. Lust habe ich keine, aber wenn Charles alleine fährt, kauft er wieder nur so gesundes Zeug und vergisst dabei meinen Käse und mein Graubrot. Und das brauche ich für meine deutschen Brotstullen. „Ich komme mit. Sonst verfällst du wieder deiner *organic panic*", gähne ich. Charles lacht. „Ich gehe eben noch duschen", sage ich und schlurfe lustlos ins Bad.

Als wir bei *Trader Joe's*, dem Nobel-Aldi für Bio-Liebhaber, ankommen, platzt der Laden schier aus allen Nähten.

„Was ist denn heute hier los?", frage ich. „Die Leute kaufen wahrscheinlich schon alle für das bevorstehende Thanksgiving-Fest ein", antwortet Charles ganz entspannt. Ich blicke auf die langen Warteschlangen an den Kassen und bezweifle, ob wir uns dort wirklich anstellen sollen. „Come on, so schlimm wird es nicht", winkt Charles ab und beginnt, Lebensmittel in den Einkaufswagen zu werfen. „Als Amerikaner mag man eben das Anstehen, richtig?", merke ich scherzend an. Kürzlich habe ich nämlich bei „Spiegel online" gelesen, dass der Durchschnittsamerikaner in der Tat bis zu drei Jahre seines Lebens mit Warten verbringt. Also, stürzen wir uns ins wilde Getümmel!

Zurück im Auto, ist mein Kopfschmerz verflogen. Und ich kann gar nicht anders, ich muss Charles wieder fragen: „Könnten wir nicht vielleicht noch mal ...?" – „Was? Schon wieder?" Grinsend rückt er seine Sonnenbrille zurecht. „Bitte, ich bekomme einfach nicht genug davon." Er lacht. „Du bist im Herzen immer noch ein Tourist." Ich werfe ihm eine Kusshand zu. „Danke", sage ich. Alle Touristenallüren habe ich inzwischen abgelegt – nur eben diese eine nicht: Bis heute kann ich nicht genug davon bekommen, die wilden Kurven der Lombard Street hinunterzufahren. Dabei ist es übrigens noch nicht einmal die kurvenreichste Straße *(crookedest street)* von San Francisco. Das ist nämlich die Vermont Avenue zwischen der 22rd und 23rd Street. Doch die ist nur wenigen bekannt!

Während Charles die steilen Haarnadelkurven von der Hyde Street zur tiefer gelegenen Leavenworth Street geschickt hinunternavigiert, schaue ich aus dem Fenster und beobachte amüsiert die Touristen, die am Straßenrand stehen und wild vor den Fotokameras ihrer Freunde oder Familienmitglieder herumzappeln, um seltsame Sprungfotos über der Bucht von San Francisco zu schießen. Mühsam klettern sie an den mit bunten Hortensien bepflanzten Blumenbeeten entlang oder steigen keuchend die Treppenstufen hinauf und wieder herunter, um die Häuser entlang der kurvigen Straße in Augenschein zu nehmen.

Merkwürdig, einige der Fenster sind mit Plakaten beklebt, die die Namen von politischen Kandidaten tragen. In Deutschland habe ich bisher noch keine Wahlplakate an Privathäusern gesehen. „Steht jetzt irgendeine Wahl an?", frage ich Charles, der gerade über eine ältere Touristin schimpft, die samt Fotokamera mitten auf der rot gepflasterten Fahrbahn steht. „Ja, die Wahl des Bürgermeisters. Insgesamt sind sechzehn Kandidaten für das Amt im Rennen; die meisten davon Demokraten." – „Wieso nur so wenige Republikaner?" Charles schaut mich schief an: „Du willst wirklich über Politik sprechen?" Ich nicke eifrig. „Na gut, wenn du unbedingt willst", gibt er sich geschlagen und erzählt, dass in San Francisco die Republikaner mit knapp zwanzig Prozent recht schwach vertreten sind. „Kalifornien ist eben als die linksliberale Küste bekannt – die *left coast*. Dieses Jahr kandidieren für das Amt des Bürgermeisters auch eine Schauspielerin sowie ein Taxifahrer." – „Ein Taxifahrer?" – „Ja, genau. Es sind immer ein paar Exoten dabei." Charles umfährt eine weitere Gruppe von Touristen und atmet auf, als wir endlich den Touristenpulk hinter uns gelassen haben. „Hier herrscht die Überzeugung, dass jeder alles schaffen kann – unabhängig von Geschlecht, Beruf und Hautfarbe", fügt Charles hinzu. „Stimmt, da muss man sich nur Schwarzenegger, den *Austrian Oak*, anschauen. Vom Bodybuilder zum Gouverneur – wer schafft das schon?"

Was die politische Gesinnung in San Francisco ausmacht, ist es nicht allein die You-can-do-it-Mentalität, die hier zum Tragen kommt, sondern auch der rebellische Geist. Ich muss an den Song von den „Toten Hosen" denken: „Dagegen". In meinem Kopf steigt wieder ein Bild auf, das ich schon hatte, als ich mit Vijay Anfang des Jahres nach dem Tech-Event nach Hause gefahren war: die kleine Insel San Francisco, die einem ausrangierten Oldtimer gleicht, in dem all die rebellischen Freigeister der Stadt ihren Platz finden. Steinreiche Internetmillionäre sitzen dort neben rauchenden Hippies, gestikulierende Italiener neben andächtig schweigenden Chinesen, sportliche Surfer neben diskutierenden Politik-Studenten aus Berkeley, und niemand wundert sich über die Andersdenkenden. Vielmehr halten all die Lebenskünstler ihre Köpfe und die amerikanische Flagge aus dem Fenster, schreien wie an der Speakers Corner im Londoner Hyde Park ihre Ideen in die Welt hinaus und wettern gegen George W. Bush und ungeliebte Republikaner. Da wundert es keinen, wenn San Francisco auch den liberalsten Gerichtshof der USA hat und das Volk im Rahmen von Bürgerbegehren wesentlich mehr Einfluss auf die Politik ausübt als in anderen Städten. Mit den Bürgerbegehren, den sogenannten *propositions*, kann grundsätzlich jedermann Gesetzesvorschläge vorlegen. So gab es erst kürzlich Anträge zu einem Goldfisch-Bann für Zoohandlungen aus Gründen des Tierschutzes. Nicht zu vergessen auch die Anti-Beschneidungs-Initiative mit ihrem Vorschlag, die „Hautkürzung" kleiner Jungen zu verbieten, weil es einfach ein zu brutales und schmerzhaftes Unterfangen sei. Man kann sich vorstellen, dass die Muslime und Juden in der Stadt zumindest von diesem unkonventionellen Bürgerbegehren wenig begeistert waren.

Als wir wenig später die Einkäufe im Kühlschrank verstauen, klingelt mein Handy. Vijay ist dran, und er ist ganz aufgeregt. „Du, ich habe Tickets für ein San-Francisco-49ers-Spiel heute Abend. Wollt ihr mit?" Ich stelle auf laut und schaue Charles fragend an. „Awesome – can't wait!", schreit Charles so laut in mein Handy, dass ich befürchte, Vijay müsse am anderen Ende der Leitung das Ohr abfallen.

„Dude, relax!", ruft Vijay noch lauter. „I just love them – I bring fan-tricots", sagt Charles und freut sich den Rest des Tages auf das 49ers-Spiel.

Am Abend sitzen wir also, wie es sich für echte Fans gehört, in dunkelroter Montur im Stadion *Candlestick Park* in *Bayview*. Ich bete, dass Vijay und Charles sich mit American-Football-Expertengesprächen zurückhalten. Zum Glück haben sie Hunger. „Willst du auch was?", fragt Charles, ich nicke, und die beiden laufen in Richtung der Imbissstände. Fünf Minuten gewonnen, in denen ich mich per Google schnell zu den *49ers* informiere: Aha, obwohl sie bis in die frühen Neunzigerjahre das Dream-Team der *National Football League* (NFL) waren, haben sie es seither nicht mehr in die Play-offs geschafft. Die Jungs brauchen länger als erwartet. Sehr gut! Schnell lese ich mich durch die wichtigsten Fakten der zwei wichtigsten Sportarten: Baseball und American Football. Denn sich in den USA weder mit Baseball noch mit American Football auszukennen grenzt beinahe an Landesverrat.

Seine Wurzeln hat der Baseball im Schlagballspiel, das von den Briten für kleine Kinder erfunden wurde, und nach dem amerikanischen Bürgerkrieg wurde das neue Spiel so richtig populär. Während Baseball noch stärker ein Erlebnis mit der ganzen Familie ist, fällt American Football härter und aggressiver aus und erfordert vom Zuschauer eine höhere Aufmerksamkeit. In der Baseball-Saison, die bis Ende Oktober dauert, pilgern ganze Familien in das *AT&T*-Stadion, essen, trinken, quatschen und verbringen einen entspannten Sonntag beim Sport. Daher auch die Bezeichnung *America's pastime*, des Amerikaners liebster Zeitvertreib. Doch mit dem TV- und Internet-Trend hielt auch der American Football Einzug in die amerikanischen Wohnzimmer, und zwar Arm in Arm mit weiteren Sportarten wie Hockey, Basketball und Surfen. Dies warf die Amerikaner in unterschiedliche sportliche Fanlager. So ist heute wohl Baseball immer noch der Sport, den die Familien gemeinsam verfolgen, die Kollegen im Büro bequatschen, die Nachbarn über den Gartenzaun kommentieren – doch die Popularität hat mit der wachsenden Vielfalt der unterschiedlichen Kulturen und Geschmäcker etwas nachgelassen. Der *Superbowl*, das Endspiel um die Football-Meisterschaft, ist inzwischen zum größten Sport- und Fernseh-Ereignis in den USA herangewachsen. American Football kommt sicherlich auch dem Show-Gedanken von Kalifornien näher als Baseball. Große Stars wie Mariah Carey, Beyonce Knowles oder Christina Aguilera werden auf die Bühne geholt, um dem Publikum so richtig einzuheizen. Ein patriotischer Höhenflug ohnegleichen rauscht durch das ganze Land der unbegrenzten Möglichkeiten, wenn zur Eröffnung des *Superbowl* die amerikanische National-hymne angestimmt wird. Genauso versetzte es wohl mehr als 106 Millionen Zuschauer, also jeden dritten Amerikaner, in Schockstarre, als das Popsternchen Christina Aguilera sich beim Trällern der gelobten Hymne gleich zweimal versang. In San Francisco brach beinahe der Server des Kurz-mitteilungsdienstes Twitter zusammen, so viele Menschen gossen Häme über den Fehler von Christina aus. Wenn ich mich zwischen Baseball und Football entscheiden müsste, ist es wohl der Football-Sport, für den ich mich mehr begeistern kann. Womöglich bin ich aber auch nur infiziert von den emotionsgeladenen, grölenden Menschen, die um mich herum aufgeregt auf ihren Sitzen wippen und nervös einen Nacho nach dem anderen in die sowieso schon weit geöffneten Münder schieben.

„Hier, deine Pommes." Vijay hält mir die gelb glänzen-den Kartoffelecken unter die Nase, über und über mit Grün-zeug besprenkelt. „Was ist denn damit passiert? Bist du ins Gras gefallen?", frage ich vorwurfsvoll. „Das nennt man auch Petersilie", schlaumeiert Vijay, und Charles vermutet, es handele sich bestimmt um eine der *Go-Green*-Maßnahmen des Stadions. „Dabei hat Hanni heute schon genug vom *Go-Green*-Movement", ergänzt er und macht sich darüber lustig, dass beim Ausladen unserer Einkäufe eine ökologische Papiertüte gerissen ist und alle Tomaten und Äpfel die Lombard Street hinunterkullerten. „Haha", sage ich grimmig. Nicht nur das: Ich hasse Petersilie. Ansonsten esse ich alles, aber bei Petersilie graut es mir – warum auch immer!

San Francisco und sein „grüner Daumen": Papiertüten, die aufweichen, Taxis mit Hybridantrieb, die so leise sind, dass man sich zu Tode erschreckt, wenn sie einem plötzlich fast in den Hacken stehen, Öko-Fashion, die sich vor lauter Umweltverträglichkeit beim Waschen auflöst, und glückliche Starbucks-Mitarbeiter, die in eine Lobeshymne verfallen, wenn man seine eigene Tasse von zu Hause mitbringt. Natürlich finde ich die „grünen Initiativen" der Stadt vorbildlich: Ich trenne Müll, shoppe organisch und habe mich von Plastiktüten verabschiedet. Heute jedoch steigt mir die grüne Welle, die meterhoch durch San Francisco schwappt, ein wenig zu Kopf. Selbst *Good Vibrations*, die in San Francisco gegründete Erotik-Kette, hat mittlerweile ein sogenanntes *Eco-rotico*-Ranking eingeführt, das die Produkte entsprechend ihrer Umweltfreundlichkeit bewertet. Nicht zu vergessen das von Harvey Milk durchgesetzte *Scoop the Poop*-Gesetz von 1978, das Hundebesitzer dazu zwingt, die Geschäfte ihrer Vierbeiner entsprechend zu beseitigen und in kleinen Plastiktüten nach Hause beziehungsweise bis zum nächsten Mülleimer zu tragen. Einmal im Jahr findet ebenso das sogenannte *Green Festival* in San Francisco statt, bei dem die rund 30 000 Teilnehmer unter dem Green-Motto networken, tanzen, trinken und essen. Wahrscheinlich ist San Francisco nicht nur in seiner Satellitenansicht einem in den Pazifik gepressten, begrünten Daumen sehr ähnlich, sondern hat auch genau diese Einstellung: ein liberaler, grüner Daumen der linken Küste eben!

„Jetzt reg dich ab und konzentrier dich auf das Spiel. Sonst verstehst du gar nichts", unterbricht Vijay meinen Grünkoller, und ich verfolge weiter das erste Football-Spiel meines Lebens: Süße Cheerleader mit glänzenden Pompons und kurzen Röckchen hüpfen schreiend über das Feld und kräftige Kerle, die Spaß daran haben, sich alle paar Minuten aufeinanderzuwerfen und auseinandergepfiffen zu werden, wenn es gerade spannend wird. Dazu meine grünen Petersilie-Pommes und ein wässriges *Bud Light* – da lobe ich mir doch den deutschen Fußball mit einer schönen Stadion-Bratwurst und einem guten Bier.

Während ich mir manch deutsche Traditionen (mehr Achtung vor dem deutschen Reinheitsgebot wäre ein Anfang) in den USA wünschen würde, täte Deutschland gut daran, den einen oder anderen Brauch unserer amerikanischen Freunde zu importieren: Thanksgiving zum Beispiel. Hätten wir doch auch bloß eine Historie, die auf die *pilgrims*, das heißt: die Gründerväter, und deren Ernte zurückblickt! Obwohl das mehrtägige Futtergelage mit vielen Risiken wie schädlicher Familien-Überdosis, möglicher Überfettung oder einem schmerzvollen *turkey hangover* verbunden ist, hat es in den USA beinahe schon mehr Kultstatus erlangt als bei uns das Weihnachtsfest. Im Büro können meine Kollegen seit Tagen das Fest kaum erwarten, sie diskutieren Cranberry-Saucen und Kürbis-Rezepte, und am Vortag ist der Freudentaumel so groß, dass das Büro gegen Mittag gähnend leer ist. Nur noch Vijay und ich sitzen einsam und verlassen zwischen unseren flimmernden Laptops, ein paar dekorativen Plastikgrabsteinen und grinsenden Kürbissen. Bereits seit Tagen tragen die San Franciscans kugelig-pralle Truthähne aus den Supermärkten und wuchten die schweinchenfarbigen Geflügeltiere in ihre Kofferräume oder auf die unter dem Gewicht der Tiere beinahe zusammenbrechenden Gepäckträger ihrer Fahrräder. Truthahn-Essen mit Football und Spielfilmen nonstop hätte mir für mein allererstes Thanksgiving-Fest allemal gereicht. Aber ich wäre ja nicht in San Francisco, wenn das Thanksgiving-Fest hier nicht etwas anders ablaufen würde als im Rest der Welt.

Für den Abend ist ein Thanksgiving-Dinner bei Rose geplant. Den Morgen solle ich mir jedoch freihalten und mich sportlich anziehen, lautet Vijays Befehl. Ich bin gespannt. „Hallo?", frage ich in die Gegensprechanlage, als es am nächsten Morgen bei mir an der Tür klingelt. Ich bin alleine, Charles ist für mehrere Tage zu seiner Familie nach Michigan geflogen. Durch die Kamera des Türöffners erkenne ich lediglich etwas langes Gelbes, was der Form eines überdimensionierten Schnabels sehr nahekommt. Das tierische Gebilde tritt einen Schritt von der Kamera zurück und fängt dann an zu tanzen. Der rote Hautlappen zwischen Augen und Schnabel flattert im Wind, und der borstenartige Federbusch auf der Brust des Tieres wackelt hin und her. „Turkey-Abholservice – mach dich locker und komm runter", quakt der Riesenvogel los. Als könnte es in San Francisco einen Monat ohne Verkleidungen geben! Aus dem Auto rufen mir zwei Hühner (Mari Carmen und Rose) und ein Honigkuchenpferd (Alex) gut gelaunt Happy-Thanksgiving-Grüße zu. „Hier, zieh das an." Mari Carmen wirft mir vom Auto aus ein flauschiges Kostüm in Gelborange zu. „Ein Kürbiskostüm?" – „Ja, du musst es dir auf den Kopf setzen. Ist schön warm, ich habe es schon getestet." Ich setze es auf. Dumpf und leise klingt meine Stimme nun. „Das Ding muffelt", rufe ich unter dem Kürbis hervor. „Solange du gut gucken kannst, ist alles okay", stellt Mari Carmen fest und fuchtelt zum Test wild vor meinen Augen herum. „Bitte keinen zweiten *Bay to Breakers* im Kürbiskostüm", flehe ich. „Keine Sorge – so lange wird's nicht. Wir gehen zum Truthahnrennen in den Golden Gate Park. Es sind nur drei Kilometer", sagt Mari Carmen und rückt den Kürbis auf meinem Kopf zurecht.

Im Golden Gate Park treffen wir auf einen großen Pulk von weiteren Geflügelfans, die rund um das Polo-Feld stehen und alle eine Startnummer auf ihrer Truthahnbrust tragen. Auch wenn ich keine große Lust darauf habe, im Kürbiskostüm im Kreis zu rennen, bin ich diesmal zumindest sportlich trainiert, denn Mari Carmen hatte mir zur Ablenkung von Nick ein „forget this guy & don't put on any grief bacon"-Programm („vergiss den Typen und vermeide den Kummerspeck"-Programm) verordnet. Danach war ich fast jeden Tag wie eine Verrückte die Hügel rauf- und runtergerannt und abends mit Mari Carmen um die Häuser gezogen. Dank meines großen Kürbiskopfes falle ich während des Laufs zwei Mal in den kalten Matsch des Polo-Feldes, und die anderen amüsieren sich köstlich. Jede Menge Spaß also. Beim abendlichen Thanksgiving-Dinner in Roses WG im *Presidio* schmeckt nach dem langen Tag dann auch gleich alles wieder viel besser. Wir essen von vier Uhr nachmittags bis tief in die Nacht, schauen Football, spielen Gesellschaftsspiele und sagen ganz in der Tradition von Thanksgiving Danke für all das Gute, was uns im Leben widerfahren ist.

Streifzug:
Seien Sie stolz auf „Ihr" San Francisco!

Denn hier werden Sie nie das „Normale" finden. Nicht ohne Grund bezeichnete Präsident William Howard Taft San
Francisco einst als *city that knows how*. Die Stadt ist nicht
nur zur grünsten Stadt der Vereinigten Staaten von Amerika (basierend auf Kriterien wie CO_2-Emissionen, Luftquali-
tät, Energie- und Bodennutzung), sondern auch zur liberalsten und unamerikanischsten gewählt worden. Zudem besitzt San Francisco im US-weiten Vergleich laut einer Stu-
die von der Unternehmensberatung Mercer die zweitbeste
Lebensqualität – direkt nach Honolulu. Umfragen von *America's Favorite City* zufolge belegt San Francisco jeweils einen der Top-5-Plätze in den folgenden Kategorien: aufregende Stadtviertel (Platz 1), Intelligenz/Bildungsniveau (Platz 1),
Skyline (Platz 1), Diversität (Platz 3) und Sportlichkeit (Platz
5). San Francisco hat auch den größten innerstädtischen
Nationalpark, die besten amerikanischen Laufbedingungen
und die steilsten Straßen (Filbert und 22nd Street). In archi-
tektonischer Hinsicht wartete San Francisco – zumindest
bis 1964 – mit der längsten Hängebrücke der Welt auf. Ebenso bietet es seinen Besuchern das grünste Museum beziehungsweise Museumsdach der Welt, was Sie jeden Montag
um drei Uhr im Rahmen einer Führung im *de Young Museum* im Golden Gate Park erkunden können. Möglicherweise führen alle diese Vorteile zu einem großen Nachteil,
nämlich dem, dass die Wohnungsmieten und Hotelzimmer-
preise in San Francisco zu den allerhöchsten der USA gehören.

„Remembering that I'll be dead soon is the most important tool I've ever encountered to help me make the big choices in life (...). You are already naked. There is no reason not to follow your heart ... Stay hungry. Stay foolish."

STEVE JOBS, US-AMERIKANISCHER UNTERNEHMER

Dezember
Think big

„Du kannst die Welt verändern – mit Energie und Durchhaltevermögen", stellt Vijay fest und blickt fasziniert auf den vor uns liegenden, unspektakulären hölzernen Bretterverschlag. „Dies als Garage zu bezeichnen kommt mir beinahe übertrieben vor", kommentiere ich die weiße Holzhütte. „Ich kann mir genau vorstellen, wie der junge Bill und Dave in dem kleinen Raum sitzen und an ihrem ersten elektronischen Ton-Oszillator basteln. Sie diskutieren den weltweiten Ausbau ihrer Firma, obwohl sie noch nicht einmal mit der Uni fertig sind und ihr Startkapital nur 538 Dollar beträgt. Und das alles im Jahr 1938. Stellt euch das doch mal vor", schwärmt Vijay, während Sophia und ich uns nur anschauen und die Augen verdrehen. Vijay redet von den Gründern der „Garagenfirma": Bill Hewlett und Dave Packard. Mit der Unterstützung ihres Stanford-Professors Frederick Terman erschufen sie aus einer kleinen Hinterhof-Unternehmung auf der Addison Avenue in Palo Alto die Schaltzentrale eines heute weltweit agierenden Technologie-Unternehmens.

In Palo Alto haben noch weitere Gründungsgeschichten ihren Lauf genommen, beispielsweise die von *Apple* und *PayPal*. Dies mag auch daran liegen, dass die Stanford-Universität – eine der renommiertesten und ältesten Hochschulen der Westküste – hier angesiedelt ist und das Silicon Valley mit hoch qualifizierten Programmierern und Entwicklern versorgt. „Kannst du dich von der Garage trennen, so dass wir nun in Richtung Stanford-Universität fahren können?", fragt Sophia feixend. Sie ist für einige Tage beruflich in der Bay Area und hat sich unserem Samstagsausflug angeschlossen. Ich bin glücklich, sie endlich wieder ein paar Tage zu sehen. Vijay nickt und macht scherzhaft eine kleine Verbeugung vor der Garage, bevor er sich endlich von ihr abwendet.

Für Vijay und mich ist es in den letzten Wochen heiß hergegangen. Wir haben die Bewerbung für das Gründerprogramm abgeschlossen und erwarten in den nächsten Wochen einen Anruf von Amber, ob es geklappt hat oder nicht. Nervös, wie wir sind, können wir uns ohnehin nicht auf *Healthquestion* konzentrieren, und so beschlossen wir gestern, uns einen Tag Auszeit zu gönnen. Heute Morgen ging es die circa fünfzig Meilen auf dem Highway 101 ins Silicon Valley, das im südlichen Teil der San Francisco Bay Area liegt. Das Silicon Valley, einst das geruhsame Santa-Clara-Valley, formte sich durch die Ansiedelung von Halbleiter- und Computerunternehmen zur Schaltzentrale der Software-Industrie. Abgeleitet ist sein Name vom Silizium, einem klassischen Halbmetall. Heute haben über 8000 Unternehmen ihren Sitz auf der kleinen Landzunge von gerade einmal 15 mal 70 Kilometern.

„Welcome Alumni", verkündet ein großes Plakat am Eingang des Elite-Kaders, dessen Zufahrtsstraße von Palmen gesäumt ist. Eltern laufen auf den Gehwegen mit ihren Kindern an der Hand, Jung und Alt komplett in Rot gekleidet, der Farbe der Universität. „Was ist hier los?" Vijay checkt sofort die Stanford-Website. „Heute ist großer Alumni-Day. Da kommen viele ehemalige Studenten zurück und werden für einen Tag bespaßt." Wir parken unseren Leihwagen in der Nähe des altehrwürdigen Stanford-Hauptportals und schlendern über den Campus, auch bekannt als „The Farm". Die sandfarbenen Universitätsgebäude treten aus den üppig begrünten Parkanlagen und Obstgärten hervor, und das Sonnenlicht, das zwischen den alten Eichenbäumen und Palmen hindurchschimmert, zeichnet die Anlagen weich und friedlich. „Schaut mal, die Gebäude tragen Namen wie Hewlett, Packard, Gates und Varian", bemerkt Sophia, wohingegen Vijay sich mehr für die vorbeilaufenden hübschen Studentinnen interessiert. Auf mich wirkt die Universität beruhigend, beinahe wie eine alte Klosteranlage. Die letzten Wochen habe ich durchgepowert, habe versucht, jeden Gedanken an Nick zu verdrängen, und viel gearbeitet. Natürlich geistert der Idiot mir immer noch im Kopf rum, und immer wieder zwinge ich mich, schöne Erinnerungen wie an das Wochenende in Point Reyes zu vergessen. Es gelingt mir nicht! Doch heute habe ich zumindest das Gefühl, zum ersten Mal wieder etwas zu entspannen und ein bisschen herunterzukommen nach wochenlanger Arbeit an *Healthquestion*.

Sophia zeigt auf einen rechteckig angelegten Innenhof, der mich an einen mittelalterlichen Kreuzgang erinnert – mit dem Unterschied lediglich, dass hier keine Mönche in Kutten spazieren gehen, sondern zwei kleine Kinder Fangen spielen und ein Student auf dem Boden sitzend an seinem MacBook arbeitet. Wir erkunden die Architektur im romanischen und spanischen Missionsstil und machen einige Fotos von dem beeindruckenden Glockenturm der Universität, von dem aus wir bis zur San-Francisco-Bucht schauen können. „Habt ihr Lust, noch im Stanford-Shop vorbeizuschauen?" Schon seit Monaten möchte ich eine der Stanford-Uni-Tassen kaufen. „Wenn es sein muss und ihr euch beeilt, Mädels." Vijay ist nicht sonderlich begeistert. Bürobedarf, Bücher, Klamotten und Snacks werden hier verkauft, Menschen schieben sich vor uns in den Laden, während andere samt prall gefüllter Tüten herausdrängen. „Wow, was hier für ein Universitätspatriotismus herrscht", stelle ich fest. Viele der jungen Menschen tragen Stanford-Pullover, Stanford-Kappen und Stanford-Schlüsselbänder, und es gibt so viele unterschiedliche Merchandise-Artikel mit dem Uni-Logo, dass ich gar nicht weiß, wo ich zuerst hinschauen soll. „Ja, das ist an den amerikanischen Universitäten so. Die Studenten fühlen sich ein ganzes Leben lang mit ihrer Bildungseinrichtung verbunden", sagt Vijay. „Das könnte mir nicht passieren. Ich bin nur froh, mit der Uni abgeschlossen zu haben", scherze ich. „Na ja, wenn du um die 30 000 Dollar pro Semester für deine Bildung auf den Tisch legst, willst du zumindest stolz darauf sein dürfen", fügt er hinzu, und Sophia ergänzt: „Viele Absolventen sind hoch verschuldet, wenn sie ins Berufsleben einsteigen. Ich habe mal gelesen, dass der durchschnittliche Amerikaner mit Mitte zwanzig sogar ärmer ist als ein Afrikaner im gleichen Alter. Die haben zumindest keine Schulden. Heftig, oder? Mich wird es auch noch Jahre kosten, bis ich meinen Studienkredit zurückgezahlt habe."

Aber sie wirkt nicht weiter betrübt wegen dieser Tatsache. Im Gegenteil, sie zeigt sich recht konsumfreudig: Bis ich im Stanford-Laden endlich meine Tasse gefunden habe, hat Sophia schon diverse Bücher, T-Shirts, Pullover und Büroartikel erspäht, die sie auf einmal ganz dringend benötigt. Noch an der Kasse bestaunen wir unsere Einkäufe, und ich stelle erfreut fest, dass das Stanford-Motto, das viele der Andenken tragen, deutsch ist: „Die Luft der Freiheit weht" (von dem Humanisten Ulrich von Hutten). „Mädels, kommt! Lasst uns aufbrechen! Ich langweile mich zu Tode." Vijay schiebt Sophia und mich zurück in Richtung Parkplatz.

„Hast du dir das Silicon Valley eigentlich so vorgestellt?",
fragt Sophia mich im Auto. „Komplett anders. Eher so wie
Raumschiff Enterprise: Entwickler sitzen an übergroßen
Computerbildschirmen und tüfteln den ganzen Tag vor sich
hin. Aber da habe ich mich wohl ein bisschen getäuscht."
Sophia und Vijay lachen. „Aber ist dir das in Deutschland
bei deinem Praktikum nicht ähnlich ergangen? Du hattest
doch bestimmt ein paar deutsche Vorurteile?" Sie schiebt sich
eine Haarsträhne aus dem Gesicht und überlegt. „Sophia
hat die ganze Zeit nur Brezeln gegessen, Gartenzwerge
poliert und Autos gewaschen", scherzt Vijay. Mein strafen-
der Blick in den Rückspiegel lässt ihn verstummen. „Ich
hatte mir Deutschland auch anders vorgestellt. Alle waren
die ganze Zeit so ernst und griesgrämig; dafür aber immer
sehr pünktlich und effizient. Ich finde, dass wir Amerikaner
gerne mit kürzerem Zeithorizont und mit höherem Risiko
planen als die Deutschen. In München haben wir Entscheidungen oft monatelang diskutiert." Das kenne ich nur zu
gut. „Was mir gefällt, ist, dass die Leute hier einfach die
Chancen ergreifen, die sich ihnen bieten. Wir Europäer erle-
digen Aufgaben eher in den bekannten Bahnen und Abläu-
fen und Qualität geht vor Geschwindigkeit", erkläre ich die
Unterschiede zwischen der deutschen und amerikanischen
Arbeitsweise. „Frau Bayers, hört, hört", lacht Vijay. „Also, ich
finde es am coolsten, dass im Silicon Valley auch mal getanzt wird – da vermisse ich Bollywood gar nicht." Damit
deutet er die Tanzeinlagen an, die ein paar verrückte Entwickler beim letzten Networking-Event hingelegt haben, um
die Menge mitzureißen. „Die Amerikaner mögen eben die
Show", sagt Sophia selbstironisch und fängt mit dem Oberkörper an zu wackeln. Ich drehe die Musik lauter. Noch vor
einigen Monaten saß ich auf der Rückbank und hatte mir
gewünscht, auch einmal selbst zu fahren. Nun kann ich es
endlich – und trete aufs Gaspedal!

Nachdem wir Vijay zu Hause abgesetzt haben, fahren wir beim nächsten Supermarkt vorbei und kaufen Eierpunsch – das vorweihnachtliche Pendant zum deutschen Glühwein. Sophia ist noch bis morgen zum ersten Advent bei mir. Für heute Abend haben sich Mari Carmen und Rose angekündigt. Ein weihnachtlicher Mädelsabend steht an! Bis sie eintrudeln backen wir gemeinsam Plätzchen, und Sophia erzählt mir von ihrem jüdischen Chanukka-Brauch, dem Fest, das sie mit ihrer Familie – zeitgleich mit unserem Weihnachtsfest – zum Gedenken an die Wiedereinweihung des Serubbabelischen Tempels feiert. Und wieder muss ich an das Bild von San Francisco als einer riesengroßen kulturellen Schatztruhe denken. Wie oft habe ich schon in diese geheimnisvolle Kiste gegriffen und dabei erfahren, wie die Chinesen ihr Neujahrsfest, die Mexikaner ihre Toten oder die Iren ihre Heiligen feiern.

Doch die Zeit zum Sinnieren ist knapp. Schon klingelt es, und Rose und Mari Carmen stehen vor der Tür. „Ich brauche dringend einen Drink!" Mari Carmen schlüpft aus ihren extravaganten rot-braunen Fell-Pumps und wirft sie achtlos in den Flur. „Wieso, was ist los?", frage ich. „Ich habe heute schon wieder zwei Absagen für mein Buchexposé erhalten. Der dumme Durchbruch als Bestsellerautor dauert länger als erwartet. Shit!" – „Sweetie, don't worry. Come and have some eggnog. It's Christmas time!", ruft Sophia von der Couch aus. Und so trinken wir Eierpunsch, essen Plätzchen und ich zwinge mich, in Weihnachtsstimmung zu kommen. Das ist jedoch gar nicht so einfach, wie ich gedacht habe, wenn man am gleichen Tag bei zwanzig Grad im Schatten durch das sonnige Palo Alto gefahren ist. Die dritte Runde Eierpunsch will Sophia dann auf die Liebe trinken, sie hat einen neuen Typen an der Angel. „No, let's raise the glass and toast to happy holidays", protestiert Rose. „To our friendship", schlage ich vor und erhebe mein Glas. Die Liebe kann mir gerade gestohlen bleiben.

In den letzten Wochen habe ich mich strikt an die Empfehlungen von Mari Carmens „Forget-the-guy-Programm" gehalten. Einer der Vorschläge lautet, sich mit anderen Männern abzulenken, was ich auch prompt versucht habe. Doch die Herren haben sich als Reinfälle entpuppt: Vor sechs Wochen hatte ich einen nächtlichen Ausflug auf ein etwas in die Jahre gekommenes Hausboot in Sausalito – mit einem Typen, der erst einen vielversprechenden Eindruck machte: Er redete unheimlich schlau daher, sah so aus, als ob er gut küssen könne, und fuhr mich auf seinem Motorrad zum Boot. Dann jedoch verkorkste er mir die Nacht mit seinen Räucherstäbchen und seinen völlig vernebelten philosophischen Ansichten so sehr, dass ich heilfroh war, im ersten Morgengrauen wieder an Land zu kommen. Reinfall Nummer zwei war ein junger Internetkapitän, den mir Mari-Carmen in einer Bar in der *Marina* vorstellte. Sicherlich konnte er bei Mari-Carmen nicht landen, und sie reichte ihn weiter. Er lud mich auf einen Drink ein und versuchte mir dann drei Stunden mit seinen neuesten Apps und seinen Erfolgsgeschichten zu imponieren. Irgendwann war mein Alkoholpegel wieder so stark gesunken war, dass ich von ganz alleine nach Hause ging. Alleine! Zu guter Letzt Reinfall Nummer drei: ein Surfer, den ich bei einer Dachterrassen-Party im *Medjool* in der *Mission* kennenlernte. Wir tanzten, bis der Laden dichtmachte, dann folgte er mir nach Hause. Dort kam er auf die glorreiche Idee, einen Joint zu rauchen. Wahrscheinlich hätte mich der Gesundheitsapostel Charles umgebracht, wäre er zu Hause gewesen. War er aber nicht, und so wollte ich es einfach einmal probieren. Wir kicherten, flirteten und rauchten, beziehungsweise er rauchte – ich hustete nur. Schließlich musste ich feststellen, dass ich nicht auf Lunge rauchen konnte. „No problem, honey", sagte er, verschwand in der Küche und kam kurz darauf mit einem warmen Kakao, dem *cannabis cacao*, wieder zurück. Keine vierzig Minuten später war ich ein bisschen albern, dann verschmust und dann einfach nur noch so müde, dass ich in einen tiefen Schlaf fiel. Am nächsten Morgen war er weg, doch er hatte zumindest seine Nummer und eine kurze Nachricht hinterlassen:

„Hanni, see you next year when I will be surfing at *Rip Curl Pro Surfing Contest* at Ocean Beach.

Cheers, Scott."

Soviel dazu!

Am nächsten Morgen bringe ich Sophia früh zum Flughafen. Als ich mittags zurückkomme, ist Charles gerade damit beschäftigt, den Weihnachtsbaum im Wohnzimmer zu schmücken. „Ist das nicht ein bisschen früh?" Er wehrt ab, während der mit Lichterketten behängte Baum mit der Sonne um die Wette funkelt. „Zu früh? Es ist bereits erster Advent. Viele Leute stellen ihre Tanne sofort nach Thanksgiving auf. Wir sind also spät dran." Wenn das so ist! Ich gebe mich geschlagen und halte mich mit meinen deutschen Ansichten lieber etwas zurück. Am nächsten Tag steht Charles dann jedoch mit grünen, roten und blauen Lichterketten in der Tür und beginnt, unsere Wohnung, den Balkon und das Treppenhaus in ein Lichtermeer zu verwandeln. *Twinkle, twinkle, little star* – es funkelt so sehr, dass ich schon unseren alten Nachbarn, der solch eine Festtagsbeleuchtung sicherlich nicht gewohnt ist, erblinden sehe, wenn er das nächste Mal aus seinem Apartment in den blinkenden Hausflur tritt. Zuerst sage ich nichts, doch als Charles anfängt, einen großen Nikolaus sowie ein breit grinsendes Plastik-Rentier aufzublasen und in unserem Esszimmer zu positionieren, frage ich ihn, ob er möglicherweise ein Weihnachts-Event in unserer Wohnung plane. „Sag mal, willst du denn gar nicht in Weihnachtsstimmung kommen?" Charles wirkt fassungslos, während sich das Rentiergeweih in seinen Händen langsam mit Luft füllt und an seine Nase stupst. Ich weiß nicht so genau, was ich sagen soll. Schließlich habe selbst ich mittlerweile verstanden, dass die deutsche Ehrlichkeit manchmal mehr Schaden verursacht als Gutes tut. Nichtsdestotrotz finde ich den Baum um drei Wochen verfrüht, die Lichterketten kitschig und das grinsende Rentier mit dem Nikolaus kompletten Quatsch. „Ich habe dir übrigens für dein Zimmer noch einen aufblasbaren Surfer-Nussknacker mitgebracht", sagt er und reicht mir eine bunt glitzernde Packung. „Oh, besten Dank, Charles!" Ich kann es kaum erwarten das Ding unter dem Bett zu verstauen.

Die nächsten Wochen ziehen mit *SantaCon*, einer Massenansammlung von Nikoläusen auf dem Washington Square, *White-Elephant*-Partys (der amerikanischen Variante des Schrottwichtelns) und viel Arbeit im Büro an mir vorbei. Doch all die Zerstreuung hilft Vijay und mir nicht, uns vom Warten abzulenken: Jeden Tag könnte sich Amber mit der Zu- oder Absage für das Gründerprogramm melden.

Als ich am Morgen des dritten Advents die Augen öffne, liegt vor mir eine dichte, weiße Flockenschicht auf der Landschaft. Sie bedeckt die Straßen mit einer Puderdecke, die Autos gleiten schwerelos darüber und die Geräusche der Stadt verstummen. In der Ferne schreien ein paar Kinder, bewerfen sich mit Schneebällen und rollen eine dicke Kugel für einen Schneemann aus dem frostigen Nass. Unter meinen Winterstiefeln knirscht der Schnee, während ich langsam zum Haus zurückgehe. Als ich die Haustür öffne, frierend von der Winterkälte und mit einer roten Nase wie

Rudi, das Rentier, strahlt mir das warme, knisternde Feuer aus dem Kamin entgegen. Auf dem Herd ein dampfender Topf mit Glühwein. Mir steigt der Duft von Tannenzweigen und selbst gebackenen Keksen in die Nase.

Doch dann werde ich plötzlich vom Klingeln meines Handys geweckt und öffne die Augen: Es ist ein milder Tag, und der leuchtende Feuerball am Himmel strahlt über die Dächer der Stadt, ein Papageien-Schwarm vom *Telegraph Hill* zwitschert an meinem Fenster vorbei und schickt einen krächzenden Weihnachtsgruß. Das ist mein dritter Advent in San Francisco – leider habe ich nur geträumt. Kein Schnee-spaziergang und heißer Glühwein, keine wohlige Kamin-wärme wie zu Hause in Düsseldorf. Daran muss ich mich zunächst gewöhnen. Aus dem Bett schaue ich auf den Nuss-knacker mit Surfbrett, den ich nur aus Höflichkeit aufgeblasen habe. Ich muss mich zwingen aufzustehen – kein Ad-ventskalender und kein gefüllter Adventsstiefel lockt. Aber ich habe heute ganz andere Sorgen – Weihnachtsgeschenke für die Familie in Deutschland kaufen. Nur noch wenige Tage bis Weihnachten, und die Pakete werden eine Woche brauchen. Da Charles ein Wein-Event in der Stadt hat, kann er mich mitnehmen und am Union Square absetzen. Mitt-lerweile hat er übrigens auch sein Auto dekoriert: mit roten Rentier-Geweihen, die links und rechts an den Vordertüren seines Mini angebracht sind.

Als ich wenig später aus dem Auto steige, nieselt es leicht – typisches Dezemberwetter eben. Zumindest ist es mild, und während die Touristen mit Regenschirmen ge-wappnet in den Eingängen von Niketown und Macy's Un-terschlupf suchen, laufen die San Franciscans in bunten Kleiderkombinationen – teilweise mit Flip-Flops, teilweise mit Wintermantel und Stiefeln – durch die Straßen. Keiner weiß so genau, wie umzugehen ist mit dem standig wech-selnden Winterwetter. Ich hetze durch die Läden rund um den Union Square, kaufe Elchtier-T-Shirts bei *Abercrombie*, pinkfarbene Unterwäsche bei *Victorias Secret* und eine dunkle *Levis*-Jeans für meinen Vater. Doch in Gedanken bin ich die ganze Zeit nur bei *Healthquestion*. Amber hatte sich bis jetzt noch nicht gemeldet, und Vijay und ich sehen unsere Hoffnung dahinschwinden, einen Platz in dem Gründerprogramm zu erhalten. Selbst wenn es klappen würde, wüsste ich nicht genau, wie es mit mir weitergeht. Schließlich ist die Zeit bei meinem Arbeitgeber in San Francisco auf ein gutes Jahr beschränkt. Nur noch wenige Wochen bleiben mir. Würde ich wiederkommen wollen, müsste ich meinen Job in Deutschland sicherlich aufgeben und dann hier mein Glück versuchen.

Es dämmert bereits, ich stelle mich an den Union Square und warte auf das nächste Cable Car. Über und über kommt es mit rotem und grünem Lametta und goldenen Weihnachtskugeln geschmückt angerollt. Ich springe auf und setze mich neben eine vierköpfige Familie. Als das Cable Car an der Ecke Sutter Street und Powell Street hält, spielt ein Mann auf einer Trompete Weihnachtsmusik. Ein kleines Mädchen singt dazu mit samtener Stimme, die sich mit den Fahrgeräuschen der Kabelwagen, die den Berg hinaufschnaufen, vermischt.

Wehmütig denke ich an die vorweihnachtlichen Konzerte in Deutschland, zu denen mich meine Eltern ab und zu eingeladen hatten. „Weihnachtskonzerte gibt es hier doch auch", hat Mari Carmen vor ein paar Tagen gesagt und mir die Optionen aufgelistet: „A Christmas Carol" wird im *American Conservatory Theater* gespielt, im San Francisco Ballett könnten wir „The Nutcracker" anschauen und in der *Grace Cathedral* in *Nob Hill* wird „Messiah" von Händel gespielt. Eigentlich genug weihnachtliche Klänge, aber es fühlt sich eben doch nicht ganz wie die Weihnachtszeit in Deutschland an.

Unter mir dröhnt das Cable Car, ich überhöre fast das Klingeln meines Handys in der Tasche. Im letzten Moment nehme ich ab: Es ist Amber. „Hanni, es tut mir leid, dass wir uns jetzt erst melden. Entschuldige auch, dass ich am Sonntag anrufe, aber wir haben bis heute am Auswahlprozess gesessen." Mein Atem stockt. Würde Amber uns nun absagen? Was wäre, wenn es nun wirklich klappen sollte? Würde ich wirklich einen sicheren Job in Deutschland für ein risikobehaftetes Start-up aufgeben? „Congratulations! You guys are in the program", gratuliert Amber fröhlich. Ich weiß nicht, was ich antworten soll. Selbst wenn wir durch das Gründerprogramm einen Zugang zu Kapital erhalten, hieße dies nicht, dass *Healthquestion* ein Erfolg werden würde. Obwohl wir bereits einen Businessplan besitzen und an einem Prototyp arbeiten, könnte es sein, dass unser Start-up-Pflänzchen dem harten Wind, der im Silicon Valley pfeift, nicht dauerhaft standhalten würde und einginge, bevor es die ersten Früchte trägt. Da ist sie wieder: meine deutsche Angst vor zu viel Risiko und Ungewissem. „Hanni?"

„That's amazing. I mean, that's awesome ...", stottere ich. Der Cable-Car-Fahrer ruft den Halt an der nächsten Straßenecke aus, wo ich eigentlich aussteigen möchte. „Honestly, I can't believe it", sage ich dann mit gefasster Stimme. Statt auszusteigen, fahre ich weiter den Hügel nach *Nob Hill* hinauf – vorbei an den weißen Fassaden der noblen, alten viktorianischen Häuser, in deren weihnachtlich erleuchteten Eingangsfluren die Portiers vor glitzernden Weihnachtsbäumen stehen und uns freundlich grüßen. Noch weiter hinauf bis nach *Russian Hill*, wo stattlich geschmückte Häuser auf den Hügeln der Stadt mit den Sternen um die Wette funkeln.

Ich kann aus diesem Traum jetzt nicht aussteigen, und ich denke zurück an die Worte des alten Herrn im Flieger nach San Francisco. Ich werde ihn schon finden, meinen

American Dream. Auch wenn meine Zukunft ungewiss und der Weg steinig sein würde. Doch wer weiß schon, welche Chance hinter der nächsten Nebelfront auf mich wartet.

Streifzug:
Träumen Sie!

„Nur wer erwachsen wird und ein Kind bleibt, ist ein Mensch." Und Kinder träumen! Diese Worte von Erich Kästner passen wohl auf wenige Städte so gut wie auf San Francisco. Der Historiker Kevin Starr nannte Kalifornien die *Coast of Dreams* und wird damit für San Francisco immer richtigliegen, denn die San Franciscans haben einen idealistischen Geist und loten immer wieder die Grenzen des Unmöglichen aus: So auch im Falle des in der Bay Area angesiedelten Start-ups *Blueseed*, dessen Team an der Vision arbeitet, auf dem Pazifischen Ozean unweit des Silicon Valley eine schwimmende Stadt zu bauen, auf der internationale Jungunternehmer leben und arbeiten können. Weil sie auf internationalen Gewässern unterwegs sind – registriert auf den Bahamas oder den Marshall-Inseln –, umgehen sie die erbarmungslose Einreisebürokratie der USA, der sich hochbegabte Entwickler und Wissenschaftler aus anderen Ländern oft konfrontiert sehen, und können ungestört von Visa-Behörden arbeiten. Rund tausend Entrepreneure sollen auf dem Boot im Internet surfen, essen, arbeiten, Sport treiben und sich vergnügen. Zweimal täglich gibt es einen Pendelverkehr, und auch ein Helikopter für Notfälle ist vorgesehen – zum Beispiel für Termine im Silicon Valley. Sechzig Start-ups haben bereits ihr Büro auf der Arche Noah zugesagt. Realistisch? Peter Thiel, ein Amerikaner deutscher Herkunft und einer der größten Finanzgeber des Silicon Valleys, der schon *Facebook* und *PayPal* unterstützt hat, glaubt daran und finanziert das Projekt. Im Jahr 2013 soll die schwimmende Start-up-Stadt ablegen – Schiff ahoi.

Widmung

Am *Gallery Cafe* auf der Washington Street fährt das Cable Car vorbei, während ich diese Widmung schreibe. Doch bis zu diesem Punkt hätte ich es gar nicht geschafft, wenn ich nicht so viel Unterstützung durch Familie und Freunde erhalten hätte. Ohne die hilfreichen Ratgeber und treuen Probeleser wären all die Stunden des Recherchierens, Schreibens, Edierens und Diskutierens wohl noch härter gewesen. Ein großes Dankeschön an meine Eltern, meine Geschwister Simona und Berenike sowie an Annina, Dorothee, Nina, Alexandra, Angela, Michael, Miriam, Mari-Carmen, Ursula, Sissi, Lena und weitere liebe Freunde und Bekannte, die bereit waren, meine wilden, ersten Entwürfe wieder und wieder zu lesen, sich ihr E-Mail-Postfach von mir zuspamen zu lassen und sich ein gutes Jahr lang mit einer hinter dem Laptop vergrabenen Hanni abzugeben. Ebenso möchte ich mich bei Herrn Dr. Neundorfer, meinem Lektor im Verlag Herder, für seine konstruktive und gute Zusammenarbeit bedanken. Am meisten bin ich wohl meinem Verlobten Maximilian zum Dank verpflichtet: für all die Wochenenden, die meinem Buchprojekt zum Opfer gefallen sind, für obligatorische Erkundungstouren zu Orten, die ich im Buch beschreibe, für das Hinwegsehen über eine chaotische Wohnung, einen leeren Kühlschrank und einfallslose Geburtstags- und Weihnachtsgeschenke.

Hinweise zum Buchinhalt

Dieses Buch beinhaltet fiktive und reale Elemente. Wie ich diese Unterscheidung vorgenommen habe, möchte ich gerne erläutern. Alle Orte und Empfehlungen in diesem Buch, habe ich während meines Auslandsjahres so vorgefunden. Ich verfolge den Grundsatz, dass ich nur Reiseinformationen über San Francisco verbreite, die Sie in dieser Form auch in anderen Quellen nachlesen könnten. Für die Charaktere dieses Buchs gilt: Die vorgestellten Personen könnten in der dargestellten Art und Weise in San Francisco leben und arbeiten. Die Erlebnisse der Figuren sind ein Kaleidoskop aus eigenen Erfahrungen, Erzählungen anderer oder Fantasiestrukturen. Die erwähnten Networking-Events gibt es in der Realität, wenngleich auch die Namen einiger Start-ups leicht abgewandelt wurden. Wenn Sie mehr Tipps und Empfehlungen zum Leben in San Francisco erfahren wollen, besuchen Sie meinen Blog: www.hanni-bayers.com/